Principios de VIDA en pareja

Luis y Hannia Fernández

CASA
CREACIÓN

La mayoría de los productos de Casa Creación están disponibles a un precio con descuento en cantidades de mayoreo para promociones de ventas, ofertas especiales, levantar fondos y atender necesidades educativas. Para más información, escriba a Casa Creación, 600 Rinehart Road, Lake Mary, Florida, 32746; o llame al teléfono (407) 333-7117 en Estados Unidos.

Principios de vida en pareja por Luis y Hannia Fernández
Publicado por Casa Creación
Una compañía de Charisma Media
600 Rinehart Road
Lake Mary, Florida 32746
www.casacreacion.com

Visite la página web de los autores: www.libresparaamar.org

Edición por: Ofelia Pérez
Diseño de portada por: Justin Evans
Director de diseño: Justin Evans
Library of Congress Control Number: 2015930281
ISBN: 978-1-62998-264-9
E-Book ISBN: 978-1-62998-349-3
Impreso en los Estados Unidos de América
15 16 17 18 19 * 6 5 4 3 2 1

DEDICATORIA

Dedico este libro a Dios, dándole la gloria por haberme permitido desarrollar este sueño de compartir muchas de las enseñanzas que hemos recibido de Él y las maravillosas experiencias de nuestra vida matrimonial, para ponerlas al servicio de tantos matrimonios que lo necesitan en este mundo tan convulso y distorsionado.

AGRADECIMIENTOS

Extiendo mi agradecimiento a mi esposa Hannia, el mejor regalo que Dios me dio después de la salvación, y que por algún tiempo no descubrí hasta que Él me abrió los ojos. Es mi ayuda idónea y la mejor compañera de mi vida en todo. Doy las gracias a nuestros hijos Alejandro y Karla, Juan y Andrea, Pablo, y a nuestros nietos Valeria, Emma y David porque han sido una gran inspiración; a la junta de directores y a nuestros compañeros de Libres para Amar, que han trabajado hombro a hombro con nosotros para desarrollar la Fundación y este proyecto literario; y muy en especial a nuestro pastor Frank López y a su esposa, por el apoyo incondicional que le han brindado al ministerio que Dios nos encomendó.

ÍNDICE

PRÓLOGO

EL MATRIMONIO ES la primera institución puesta por Dios en la creación como estructura de orden para prosperidad, crecimiento y continuidad. Antes que ningún sistema de gobierno, economía, inclusive antes que ningún orden religioso, Dios estableció la unidad entre un hombre y una mujer como fundamento principal en la humanidad.

Jesús habla de su iglesia como su novia, y de las bodas del Cordero anunciando su segunda venida. El matrimonio es algo muy santo y muy importante para Dios porque refleja el carácter moral de un Dios santo que se compromete con sus hijos. Un Dios de pacto estableció el pacto matrimonial entre los seres humanos para reflejar su corazón, su amor incondicional y su compromiso eterno de no abandonarnos.

Gracias al pastor Luis Fernández y a Casa Creación por este libro tan necesario y tan útil, que nos ayuda a todos a cumplir con el primer llamado que Dios tiene para nosotros de desarrollar matrimonios a la manera del Creador. Hoy más que nunca necesitamos defender el orden bíblico para la familia y entrenar a las nuevas generaciones con la verdad de Dios y con su diseño único y divino para tener éxito en nuestros matrimonios.

¡Familias saludables producen iglesias saludables que producen naciones saludables!

Los pastores Fernández son voceros de Dios, ungidos

para discipular y proclamar el mensaje bíblico de la familia y hemos visto miles de testimonios de cómo Dios sana, restaura y une la familia. Su participación en nuestra iglesia ha sido esencial para la salud integral de nuestra congregación. Este libro debe ser leído por todo pastor y líder que en su corazón anhela una familia y una iglesia con éxito. Es una herramienta poderosa que Dios usará para sanar naciones.

—Pastor Frank López
Iglesia *Doral Jesus Worship Center*
Miami, FL

Introducción

EL PROPÓSITO DEL MATRIMONIO

EL PROPÓSITO DEL matrimonio es que dos personas que se aman y deciden unir sus vidas disfruten de todas las cosas buenas, y puedan enfrentar los momentos difíciles, manteniéndose juntos y felices para siempre. Casi nadie llega preparado al matrimonio, puesto que no son muy conocidos los principios y fundamentos que lo regulan para que cumpla su función y su propósito en la sociedad. Por tal motivo, los cónyuges no logran disfrutarlo al máximo.

Estamos convencidos de que el matrimonio es una relación maravillosa que tiene todos los componentes necesarios para ser la plataforma desde donde los seres humanos se desarrollan como personas integrales y disfrutan de todas las cosas buenas de la vida.

¿Cómo podemos decir esto en un momento de la historia en la que parece todo lo contrario? Parece una insensatez afirmar en estos tiempos que el matrimonio es una buena opción para la relación de las parejas.

El matrimonio fue diseñado por Dios como el medio para procrear la raza humana. A la misma vez, sería el ambiente ideal para que un hombre y una mujer se disfrutaran amplia y mutuamente, y disfrutaran el desarrollo de los hijos y las vivencias familiares.

¿Es realmente posible hoy día que un hombre y una mujer puedan mantener una relación saludable y disfrutarse mutuamente para toda la vida? ¡Definitivamente sí!

Mi esposa y yo, como muchas otras parejas que hemos conocido, somos testimonios vivos de que sí se puede mantener un matrimonio para siempre; y no solo mantenerlo, sino disfrutarlo y vivirlo intensamente.

Nosotros y muchos otros matrimonios que hemos vivido crisis en nuestras relaciones, hoy podemos afirmar con absoluta seguridad que sí se puede restaurar la relación y que sí se puede vivir felizmente en pareja, compartiendo todas las experiencias de la vida.

Es normal que en una relación de vivencia íntima, dos personas distintas tengan conflictos y diferencias de opinión. Eso ocurre en todos los matrimonios del mundo. Lo que es vital es aprender a manejar las diferencias y los conflictos sin lastimarse, y ver las diferencias y las circunstancias de la vida como oportunidades para explorar el verdadero amor que produce vida, alegría e intensas emociones entre una pareja y una familia.

¿QUÉ HACEMOS PARA COMPRENDERNOS Y MANEJAR LAS DIFERENCIAS?

Lo primero es decidirlo y disponerse a trabajar en el tema. Lamentablemente, la mayoría de los matrimonios iniciamos la relación sin una conciencia clara de lo que esta significa y sin las instrucciones necesarias de cómo manejarla cuando vienen los conflictos. ¡Peor aún, en la mayoría de los casos, la única referencia que tenemos es la experiencia de los padres o familiares que tal vez no han tenido un buen matrimonio!

¿Por qué se va perdiendo el amor en el matrimonio?

Porque las parejas no logran comprender sus diferencias ni sus temperamentos, ni saben manejar los conflictos del diario vivir, lo cual los conduce a lastimarse frecuentemente. Poco a poco, las heridas los van distanciando y si no buscan ayuda apropiada, llegan a un punto en que ya no quieren compartir más la vida conyugal.

¿CÓMO COMIENZA EL MATRIMONIO?

La gran mayoría de nosotros llegamos al matrimonio con conceptos muy equivocados acerca de este tipo de relación, con modelos incorrectos de una sociedad muy dañada a nuestro alrededor, muchas veces con heridas en el alma, y con mucha ignorancia respecto a los principios y fundamentos que sostienen el matrimonio.

Existen muchos casos donde al menos uno de los dos decide casarse por huir de una situación incómoda o por tener una compañía, y no porque realmente esté interesado en desarrollar una relación para toda la vida.

Muchas mujeres han venido a nuestra oficina a buscar orientación para su matrimonio porque sienten que ya no aguantan más. Una de ellas fue María, una mujer que vivió experiencias muy difíciles en su hogar. Ella había sido abusada emocionalmente por su padre, que siempre la hizo sentir que no servía para nada. Apenas llegó a la mayoría de edad, buscó un hombre que se casara con ella y la sacara de su casa.

En su intención de salir de su casa, ella no tomó su noviazgo con responsabilidad, ni reparó en límites para conquistar a su novio. Muy pronto María consiguió su objetivo y logró salir de su casa casada con Manuel. Poco tiempo después, vinieron los problemas a la relación. Aquella actitud con la que conquistó a su ahora esposo, cambió poco después y empezó a salir la verdadera María: una María llena de amargura que creía que el mundo estaba en deuda con ella por las experiencias de su niñez y su adolescencia.

Un principio en las relaciones humanas enseña que cuando una persona es herida por alguien, eso genera una cuenta por cobrar, y frecuentemente esa cuenta la terminan pagando otras personas inocentes.

María había vivido experiencias traumáticas en su niñez y adolescencia. Cuando ella llegó al matrimonio, no había sanado esas heridas, y un tiempo después empezó a manifestar inconscientemente esas heridas en su alma. Empezó a tener actitudes negativas con su esposo y él, sin entender la situación ni estar preparado para comprenderla y ayudarla, optó por alejarse de ella. Comenzó a pensar que su relación no tenía remedio, por lo que el divorcio era la única salida.

Cuando Manuel y María vinieron a nuestra oficina, la situación estaba muy deteriorada porque ya se habían lastimado mucho mutuamente. Sin embargo, iniciamos de inmediato un proceso de sanidad interior en ella, que era la más afectada emocionalmente, y un proceso de comprensión con Manuel para que entendiera la situación y se dispusiera a cooperar. Empezaron a suavizar sus posiciones y poco a poco comenzaron a recuperar el gozo de estar juntos y compartir la vida.

Historias como la de Manuel y María se repiten de una manera considerable. En algunos casos, el hombre viene más dañado en sus emociones. Sin embargo, por cuanto la mujer es más emocional y susceptible, la mayoría de estos casos ocurre en las mujeres.

Así como existen casos traumáticos evidentes, existen los casos de heridas emocionales sutiles, pero que también causan problemas de comportamiento en el matrimonio. Existen los casos donde alguno de los dos viene de un hogar con una figura materna demasiado fuerte. Son esos hogares donde la madre es la que pone las reglas de la casa, la que ejerce la disciplina, la que controla el hogar y hace que todo gire a su alrededor. Eso es lo que llamamos un matriarcado. Los hijos de esa familia van a llegar a su matrimonio con ese modelo. Si la otra persona no acepta ese modelo, entonces empiezan las dificultades que pueden llevar la relación a una situación crítica.

Las variantes de situaciones son casi infinitas. Lo que sí es cierto es que cuando dos personas deciden unir sus vidas, hay una gran cantidad de diferencias de pensamiento por causa de sus diferentes raíces familiares, culturales, temperamentales, étnicas, religiosas, intelectuales, socioeconómicas o de prejuicios sociales.

Esas diferencias, si no se saben manejar, tarde o temprano causarán fricciones en la relación y una muy alta probabilidad de separación. Muchos no se divorcian, pero viven un matrimonio falso, vacío y amargado, aunque lo traten de ocultar.

Conocer nuestros orígenes y ser conscientes de las heridas en nuestra alma y las raíces de amargura que puede haber en nuestros corazones, es de gran ayuda para hacer una limpieza consciente de las mismas. De esta manera, podemos quitar los obstáculos que nos impiden tener relaciones sanas con nuestra pareja. Para poder ser libres de las heridas emocionales, es imprescindible que aprendamos a perdonar a las personas que nos han lastimado. Sin perdón es imposible sanar el alma. Más adelante hablaremos acerca del perdón, cómo darlo y cómo recibirlo, así como de todos los beneficios de perdonar y las consecuencias de no perdonar.

Tan grave está la situación que, hoy día, muchas personas optan por no casarse, dando paso a una relación de convivencia sin ningún tipo de compromiso. Esta opción impide que la pareja pueda disfrutar profundamente la relación, ya que siempre estará de por medio la gran barrera de la inseguridad. Debido a esta, cada uno procura su bienestar individual, lo cual inhibe la entrega total que requiere el éxito absoluto de una relación. Y si vienen hijos, la situación se vuelve aun más insegura y agotadora, especialmente para la mujer.

¿Es posible tener un matrimonio saludable? ¿Hay posibilidades de restaurar relaciones rotas o de mejorar las actuales? ¡Definitivamente sí! Vivir juntos, felices y para siempre es posible hoy en día.

¿Cómo podemos lograrlo? Si aprendemos y ponemos en práctica los principios de vida que el Diseñador y Creador del matrimonio y la familia dice al respecto.

Este libro incluye algunas citas bíblicas, métodos y comentarios científicos, y testimonios de matrimonios exitosos. Esperamos que tú, querido lector, encuentres respuestas y soluciones que beneficien tu matrimonio.

Capítulo 1

COMIENZA UNA HISTORIA

¿CASARNOS? ¡QUÉ EMOCIÓN!

CUANDO JORGE Y Patricia se conocieron, experimentaron esa emoción que experimentan todas las parejas cuando se conocen y se atraen. Se activó esa especie de alarma interna que les hacía vibrar de emoción y sentir "eso especial" cada vez que se hablaban o se veían.

Súbitamente nació un interés por compartir cualquier momento que podían en lugares que frecuentaban comúnmente. Jorge cansaba a sus amigos con sus relatos y su admiración por Patricia, insistiendo en que se trataba de la mujer más bella del mundo.

Eran interminables las llamadas por teléfono, las citas nocturnas, los besos apasionados, las salidas a cenar y las caminatas por el campo o por la playa.

Es un tiempo de felicidad donde se despiertan muchas ilusiones en nuestras vidas. Empezamos a ver todas las cosas buenas y las virtudes de aquella persona. Poco a poco sentimos que nos vamos enamorando.

Todas esas emociones de Jorge y Patricia en su etapa de noviazgo son experiencias maravillosas que movían sus corazones y sus mentes a hacer muchas veces cosas increíbles para pasarla juntos y experimentar esas sensaciones. Todo este proceso de enamoramiento condujo a Jorge y a Patricia a pensar en lo bonito que sería compartir sus vidas para siempre.

Después de varios años de noviazgo, tomaron la decisión de unirse en matrimonio, pensando que si su experiencia de noviazgo había sido tan exitosa, mucho más sería su relación matrimonial.

Jorge y Patricia no habían mostrado sus verdaderas personalidades porque la emoción y el gozo que sentían les hacían pensar que habían encontrado al príncipe y la princesa de sus sueños. Para ellos, eso sería suficiente para olvidar sus momentos tristes del pasado y vivir una nueva vida con la persona amada.

La emoción de unirse en matrimonio les hacía pensar en todos los momentos lindos que iban a pasar, compartiendo todas las cosas de la vida. Después de un tiempo de relación y de compartir muchas experiencias bonitas, Jorge y Patricia tomaron la decisión de casarse, pensando que esa relación sería un paraíso terrenal.

Efectivamente, Jorge y Patricia se presentaron ante Dios en la iglesia y unieron sus vidas para siempre en sagrado matrimonio. Aun recuerdan las palabras: "Prometo amarte en la prosperidad y en la escasez, en la salud y en la enfermedad...hasta que la muerte nos separe". Esta exclamación nos parece tan común y tan normal para estos casos, ¡que no somos conscientes realmente de lo que estamos diciendo!

La promesa de amarse en cualquier circunstancia hasta que la muerte los separe, invita a pensar en una relación estable y dispuesta a superar todos los obstáculos que se presenten. ¿Por qué, entonces, los matrimonios cambian?

LOS PRIMEROS MESES DEL MATRIMONIO

Los primeros meses del matrimonio son, por lo general, lo que se llama una "luna de miel". Así fue para Jorge y Patricia: un tiempo donde disfrutaron al máximo de su compañía mutua y de sus pasiones.

Era hermoso verlos salir de su casa, siempre bien arreglados, para ir a sus trabajos, y los fines de semana, a sus actividades deportivas. Siempre andaban juntos. Los primeros meses de matrimonio todo parecía ser ese paraíso, hasta que empezaron a venir los problemas normales de la vida y a manifestarse las verdaderas características de la personalidad de cada uno. Comenzaron a reducir su capacidad de tolerancia y respeto, y a discutir muchas veces por cosas sin importancia. Discutían por la forma de servir la mesa, por la manera de planchar las camisas, por el pago de las facturas, por la forma de conducir, por rehusarse a compartir con la familia del otro y muchos asuntos más.

Jorge empezó a manifestar su egoísmo y su orgullo, a lo que Patricia reaccionaba con una actitud fría a veces y otras con rabia por lo que consideraba una desconsideración de su esposo.

Jorge empezó a pasar más tiempo con sus amigos y compañeros de trabajo, dejando a Patricia sola en su casa, extrañando su presencia y preguntándose qué era lo que le pasaba a Jorge.

Así como esta pareja, la gran mayoría empieza a descubrir que el matrimonio no es lo que ellos pensaban. Aquel hombre y aquella mujer que se habían idolatrado con emociones y pasiones, van desapareciendo y empieza a emerger lo que parecen ser otras personas. Ya no son tan atentos, ya no se interesan lo suficiente el uno en el otro. Poco a poco, afloran las diferencias entre ambos y comienzan a separarse emocionalmente.

Jorge y Patricia no supieron cómo manejar los conflictos, y vinieron las ofensas, los enojos y las actitudes negativas. Cada uno estaba convencido de tener la razón y el otro era el que estaba mal.

EMPIEZAN LOS PROBLEMAS

A partir del momento en que Jorge y Patricia se faltaron el respeto por primera vez, abrieron la puerta del maltrato, la desconsideración y el egoísmo. El distanciamiento emocional empezó a generar grietas en la comunicación entre ambos, lo cual empezó a causar problemas de otra índole.

La mamá de Patricia notó que las cosas no marchaban bien entre Jorge y su hija, y la empezó a aconsejar con poca sabiduría. Ella había sido abusada emocionalmente por su esposo, el padre de Patricia, y estaba lo suficientemente dañada para aconsejar equivocadamente a Patricia.

Los problemas de la pareja se empezaron a agravar como consecuencia de la intromisión de una tercera persona en la relación: la suegra de Jorge. En medio de este proceso, la madre de Patricia le aconseja que se embarace como medida de protección del matrimonio, ya que con un hijo, Jorge debería cambiar su actitud y convertirse en un mejor esposo.

Patricia convenció a Jorge de que tal vez esa sería la solución de su relación y dejó la planificación anticonceptiva. Al cabo de un tiempo, Patricia quedó embarazada e inició el proceso de manipulación de su esposo en función de su estado. Comenzó a exigir más de su esposo con la excusa de su embarazo. Jorge, con una actitud responsable y cariñosa, optó por aceptar las exigencias de su esposa con el propósito de que su hijo saliera lindo y sano.

Durante un tiempo, las cosas caminaron mejor en el matrimonio por causa de la actitud de Jorge de ceder en muchas cosas, debido a la felicidad que le producía saber que iba a ser padre.

Unos pocos meses después de la emoción del primer bebé en casa, Jorge y Patricia volvieron a sus comportamientos incorrectos y a sus actitudes descorteses. Jorge volvió a quedarse en el "trabajo" más tiempo del debido. Patricia reaccionaba con desatenciones hacia su esposo, con la excusa de que tenía que atender al niño y que estaba muy cansada.

Así la relación de Jorge y Patricia empezó a distanciarse más, hasta que apareció una nueva persona en la vida de Jorge: Sandra.

Jorge se las ingeniaba para tener algún tiempo para compartir con Sandra y empezó a notar que con ella la pasaba muy bien. Por lo tanto, pensó que tal vez se había casado con la persona equivocada. Sandra parecía tener más y mejores atributos que Patricia. Poco a poco empezó a compartir más tiempo con Sandra, hasta que decidieron estrechar sus relaciones. Este hecho marcó un paso decadente muy importante en la vida de Jorge. Había sido infiel a su esposa.

De pronto empezaron a venir a su mente sentimientos de conciencia. Se sintió confundido y no sabía qué hacer. Por un lado su esposa y su hijo necesitaban de él, pero se sentía bien con Sandra. ¿Qué era mejor hacer?

Finalmente, decidió hacer un alto y hablar con su esposa. Tal vez podrían hablar y arreglar sus diferencias. Al fin y al cabo, amaba mucho a su hijo y no le gustaría separarse de él y privarlo de la imagen paterna que todos los niños necesitan. Habló con Sandra y le comunicó su decisión, a lo que ella replicó que lo esperaría un tiempo. Jorge habló con Patricia y le expresó cómo se sentía. No obstante, le ocultó lo de su relación con Sandra para evitar un nuevo conflicto que dañaría el proceso de restauración. De seguro más adelante habría un mejor momento para hablar de este tema tan espinoso, o a lo mejor ni sería necesario.

Jorge le manifestó a Patricia su interés en que hablaran y buscaran una solución a sus problemas. Ella también expresó sus sentimientos, y estuvo de acuerdo en buscar soluciones a sus diferencias. Al fin y al cabo, ella no quería ser una madre divorciada más.

Empezaron a hablar de qué era lo que les había pasado y por qué se habían distanciado. Hablaron de su falta de comunicación, de sus resentimientos por cosas que se habían dicho inconscientemente. Decidieron perdonarse y empezar de nuevo.

Jorge y Patricia se dispusieron a manejar mejor su matrimonio, a ser más tolerantes y a tratar de hacerse felices el uno al otro. Vino un período de paz al hogar.

¿QUÉ ESTÁ PASANDO CON NOSOTROS?

Después de algunos meses durante los cuales todo estaba bien, Jorge y Patricia tuvieron una acalorada discusión, por un desacuerdo en relación con la educación de su primer hijo. Dejaron de hablarse por varios días. Ninguno de los dos sabía cómo manejar la situación y su orgullo era demasiado grande para pedir perdón y perdonar.

Se empezaron a alejar nuevamente y Jorge empezó a pensar en la posibilidad de buscar a su vieja amiga Sandra.

Ella lo comprendería y le ayudaría, además a satisfacer sus necesidades sexuales y a pasar un buen rato.

Jorge y Patricia se hablaban estrictamente lo necesario, y aunque dormían juntos, su relación estaba totalmente fría y ninguno de los dos cedía en su orgullo. No tenían relaciones íntimas, lo cual generaba en Jorge pensamientos sobre cómo resolver esa situación.

Pasaron los días y aunque la comunicación se fue normalizando poco a poco, las heridas en los corazones de los dos permanecían y les impedía disfrutar libremente su relación. Se empezaron a alejar emocionalmente. Ya no había cumplidos ni cenas románticas, ni palabras de afirmación entre ellos. Aunque volvieron a tener relaciones íntimas, eran frías y superficiales, por lo que no eran satisfactorias para ninguno de los dos y menos para Patricia.

De pronto eran como dos extraños viviendo juntos en la misma casa y compartiendo la misma cama, pero no tenían una buena comunicación ni una intimidad satisfactoria.

Por fin Jorge cayó en la tentación de buscar a su vieja amiga Sandra para ver cómo se sentía. Él sabía que era un riesgo y que tal vez no era una buena decisión, pero no sabía de qué otra forma llenar el vacío que había en su corazón. La reunión con Sandra se dio en un lugar romántico y después de unas bebidas alcohólicas, tuvieron relaciones íntimas.

Al día siguiente Jorge se sintió más vacío que nunca al ser consciente de que había fallado de nuevo. Había fallado a sus principios morales y a su responsabilidad con su esposa y su hijo. Jorge estaba llegando a un nivel de desesperación en su vida porque no sabía cómo resolver su conflicto matrimonial. No quería ceder nuevamente a la tentación de pasar esos ratos de placer con Sandra, pues sabía que no era correcto.

Por su parte Patricia, que aun guardaba resentimientos con Jorge, notaba extraño a su marido. Ella empezaba a sospechar que algo pasaba con él. Le asustaba la idea de pensar que Jorge estuviera saliendo con otra persona, pero no sabía cómo abordar el tema con su esposo porque sus relaciones estaban muy débiles como para eso.

Un sábado por la tarde, estando los dos sumidos en sus pensamientos, se miraron mutuamente y se preguntaron: ¿Qué nos está pasando? ¿Por qué ya no nos amamos como antes? ¿Por qué ya no hablamos y compartimos como antes?

¿Qué hacemos?

Jorge y Patricia reconocieron que estaban pasando un mal momento en sus vidas, pero que no querían separarse. Tenían valores morales muy sólidos y amaban a su hijo demasiado como para pensar en separarse. Por otro lado, no querían seguir viviendo de la forma que habían vivido durante sus pasados meses. Ya anteriormente habían hecho el propósito de resolver sus diferencias y no lo habían logrado. ¿Qué seguridad podrían tener ahora de poder lograrlo? No sabían cómo hacerlo.

Habían visto también entre su grupo de amigos varios casos que habían empezado con problemas parecidos y habían terminado sus relaciones violentamente, dañándose mutuamente y dañando a los hijos. Ellos no querían eso para ellos ni para su hijo.

¿Quién podría ayudarles a solucionar sus problemas y a entender por qué ocurrían todas esas peleas entre ellos y por qué ahora no podían comprenderse? No conocían a nadie que les pudiera aconsejar y les ayudara a manejar su relación.

Un buen día, Jorge se encontró con un viejo amigo llamado Carlos, quien hacía algún tiempo no le veía. Después de los saludos correspondientes, Carlos le preguntó a Jorge cómo estaba su esposa, a lo cual este replicó sinceramente acerca de los problemas que habían estado viviendo y que no sabían cómo manejarlos. En este momento seguían juntos, pero había muchas cosas en las que no se ponían de acuerdo y aunque no querían separarse y ser una estadística más en las filas de los divorciados, él creía que lamentablemente ya no había amor entre ellos.

Carlos escuchaba con mucha atención y parecía sonreír mientras Jorge le contaba el resumen de sus penurias matrimoniales.

Finalmente, Carlos tomó la palabra y le dijo: "Mi querido amigo, no te preocupes. Tengo la solución a tu problema". Le contó cómo él mismo había vivido una experiencia muy parecida con su esposa.

Jorge no lo podía creer, pues él conocía a su amigo y a su esposa y siempre se veían muy bien compartiendo tranquilamente en todos lados. ¡Nadie se hubiera imaginado que Carlos y su esposa hubieran tenido problemas!

Carlos le contestó diciendo: "No, mi querido amigo, lo que pasa es que siempre hacíamos un esfuerzo por aparentar que estábamos bien, pero en realidad no lo estábamos. Probablemente, a ti te pasa lo mismo, ¿verdad?". Jorge bajó su cabeza y consintió diciendo: "Sí, es verdad. Muchas veces hemos hecho grandes esfuerzos delante de la gente para que no se den cuenta de nuestra verdadera situación".

9

El testimonio de cambio

Carlos empezó a contarle a su amigo cómo él y su esposa habían encontrado la solución a sus problemas matrimoniales.

"Lo que pasa, mi querido amigo, es que nunca nadie nos ha explicado cómo es que funciona el matrimonio, pero un año atrás un amigo me enseñó que existe un manual para matrimonios y que fue escrito por el que diseñó el matrimonio.

"Tú sabes que todas las cosas, los inventos, los artefactos, computadoras y vehículos tienen su manual para poder saber cómo funcionan. También las empresas organizadas tienen manuales para sus empleados, para que sepan qué hacer y cómo hacer en cada situación que se les presente.

"Si no se conoce el manual o si no se usa, los resultados por lo general son desastrosos. Si tú no conoces el manual del matrimonio, no vas a saber cómo manejar los problemas ni vas a saber cómo disfrutar del mismo. Alguien dijo: 'El matrimonio sin instrucción puede convertirse en una batalla permanente, pero el matrimonio con instrucción se convierte en una relación muy agradable, a pesar de las dificultades y los problemas que tengan que enfrentar'.

"Hace poco más de un año mi situación era muy parecida a la tuya, pero gracias a Dios me encontré con ese amigo que me habló de un seminario donde aprendí acerca de ese manual y me ayudó a estudiarlo.

"Desde que mi esposa y yo asistimos al seminario y empezamos el estudio de ese manual, nuestras vidas cambiaron totalmente y hoy quiero decirte que amo más a mi esposa de lo que nunca me hubiera imaginado que fuera posible. Y déjame decirte que ahora disfrutamos nuestra relación de una manera que nunca me imaginé.

Aún tenemos muchas diferencias en varias cosas, pero aprendimos a respetarnos mutuamente y a manejar las diferencias sin enojarnos ni distanciarnos.

"¡Aprendimos tantas cosas que no sabíamos! En ese seminario recibimos instrucción bíblica combinada con los más modernos conceptos de la ciencia en el comportamiento humano y experiencias de muchos matrimonios exitosos, de manera que aprendimos a lograr un balance excelente de conocimientos y principios de vida que realmente nos llevaron a entender mucho mejor cómo funciona el matrimonio y la familia, y cómo disfrutar más nuestra relación".

Veamos los conocimientos y principios que Carlos y su esposa aprendieron y compartieron con Jorge y Patricia.

Capítulo 2

ENTENDIERON EL PACTO DEL MATRIMONIO

Lo PRIMERO QUE aprendimos es que la relación matrimonial es una relación muy diferente a todo tipo de relaciones conocidas antes de llegar al matrimonio. Por esa razón mucha gente no entiende lo que significa realmente darse en matrimonio.

Las relaciones normales antes del matrimonio son con los padres, con hermanos y familiares, las cuales son relaciones de sangre suficientemente fuertes para permanecer, a pesar de casi cualquier circunstancia adversa.

Las relaciones con amistades, por lo general, no son comprometidas, y se mantienen mientras haya algún vínculo que las una, como el compañerismo escolar, colegial, universitario o de trabajo. Además, este tipo de relaciones es temporal y no exige mayor sacrificio de las partes.

EL MATRIMONIO ES UNA RELACIÓN DE PACTO

El matrimonio tiene que ser una relación de pacto o compromiso que lo sostenga en momentos de crisis. Este compromiso debe ser primero que nada ante Dios, y también ante la sociedad. Por eso tiene implicaciones legales. Por esa misma razón, las parejas en unión libre están en una especie de ilegalidad espiritual y eso provoca problemas tarde o temprano.

Estudios confiables realizados en los Estados Unidos[1] confirman esta situación al reflejar que las parejas en unión libre son más propensas a terminar su relación que las parejas casadas.

Cuando hablamos de involucrar a Dios en el pacto del matrimonio, estamos hablando de aprender y conocer los principios de vida que Dios nos dejó como diseñador y creador del matrimonio, para que supiéramos cómo sostener la relación y disfrutarla al máximo.

También quiere decir que cada cónyuge va a seguir las instrucciones de Dios, primero por obediencia a Él. Lo maravilloso del plan de Dios es que cuando lo hacemos así, entonces los dos salimos beneficiados en el matrimonio, y nuestros hijos disfrutan de un hogar estable.

Muchos matrimonios ignoran a Dios en sus relaciones y de ahí surge la mayor parte de sus problemas. La vida espiritual en un matrimonio es de vital importancia, ya que permite a los cónyuges suavizar sus posiciones y estar más dispuestos a ceder en sus puntos de vista.

Toda actividad humana debe tener un manual de instrucciones que determine su propósito y cómo funciona. Por lo general, incluye una parte de cómo resolver dificultades.

El matrimonio tiene un manual de instrucciones. Lamentablemente, casi nadie lo conoce al momento de casarse, por lo cual entran al matrimonio con mucha emoción, pero muy escasa instrucción, acerca de cómo funciona realmente la relación matrimonial.

Todos los manuales de instrucciones son hechos por el fabricante o diseñador del producto o sistema. El matrimonio y la familia fueron creados por Dios, creador de todo cuanto existe; y Él mismo dejó las instrucciones del pacto del matrimonio.

La Biblia dice:

"Y creó Dios al hombre a su imagen, a imagen de Dios lo creó; varón y hembra los creó".

—GÉNESIS 1:27

"Y los bendijo Dios y les dijo: Fructificad y multiplicaos; llenad la tierra y sojuzgadla".

—GÉNESIS 1:28

"Y dijo Dios: No es bueno que el hombre esté solo; le haré ayuda idónea para él".

—GÉNESIS 2:18

"Por tanto dejará el hombre a su padre y a su madre y se unirá a su mujer, y serán una sola carne".

—GÉNESIS 2:24

Dios creó el primer ser humano que era un hombre. Luego decidió que no era bueno que el hombre viviera solo en la Tierra y le hizo una mujer para que fuera su ayuda idónea en la misión que le había asignado.

Es evidente que Dios estableció que el matrimonio sería la unión de un hombre y una mujer, en la que ella es su ayuda idónea para que desarrollaran un compañerismo capacitado para cumplir con la misión de multiplicar la raza humana y gobernar sobre las cosas de la tierra.

Dios dice que este pacto debe ser para toda la vida porque es la forma como se reproducen las familias y la raza humana, con la estabilidad emocional necesaria para mantenerse en medio de las dificultades y circunstancias de la vida.

Las instrucciones de Dios para los matrimonios tienen

el propósito de protegerlos de las grandes complicaciones que conllevan los conflictos, las separaciones, los divorcios y, por ende, guardar a los hijos, que son los más afectados.

Por eso Dios diseñó este pacto para siempre, sin posibilidad de volver atrás. El hombre no ha sido obediente a Dios y, como consecuencia, vivimos en un mundo muy complicado con familias desmanteladas, lastimadas, llenas de conflictos, por lo general sin figura paterna en casa, con rencores, abusos y mucho sufrimiento.

En toda relación entre las personas, siempre habrá la posibilidad de conflictos, pero debemos entender que cuando llegan las diferencias a la relación de pareja, se debe enfocar en el problema y no en la persona. Se debe trabajar en buscar soluciones y no en buscar culpables ni en romper la relación. Hoy día hay bastante ayuda disponible.

Jorge y Patricia empezaron a entender que el divorcio no era una salida a considerar porque el daño iba a ser definitivamente superior a la situación en cuestión. Tal vez deberían considerar la alternativa de buscarle solución a los problemas sin enfocarse en culparse el uno al otro, sino cambiando cada uno lo que le correspondía cambiar. El pacto del matrimonio requiere una gran dosis de tolerancia y respeto por la otra persona, para aceptarla tal y como es.

Cuando se empiezan a conocer las reglas y los conceptos de Dios como diseñador y creador del matrimonio, nos damos cuenta de su propósito. Definitivamente, Él lo diseñó y lo fundó, y por eso Él es quien tiene la autoridad para decirnos cómo se debe hacer para que funcione bien.

Es lamentable que la sociedad ha establecido reglas diferentes para la relación matrimonial y eso ha generado como consecuencia muchos problemas, llanto y dolor a familias que prefieren vivir como mejor les parezca, ignorando las reglas establecidas por el creador de la vida.

Cualquier regla o disciplina que se quebrante en la vida tendrá consecuencias tarde o temprano. Si quebramos o ignoramos las reglas del matrimonio, no solamente no podremos disfrutar de la relación, sino que tendremos que enfrentar las consecuencias.

Mucha gente prefiere vivir a su manera en vez de que se le diga cómo hacer y qué hacer en el matrimonio, pero esa actitud es negativa porque las consecuencias de la ignorancia y la improvisación provocan esclavitud y situaciones difíciles de resolver.

Lo más inteligente es seguir las instrucciones de quien diseñó y creó el matrimonio, que tratar de inventar nuestras propias reglas y acarrear las consecuencias.

Capítulo 3

LAS TRES COLUMNAS DEL MATRIMONIO

EL CREADOR ENSEÑA a la humanidad que el pacto del matrimonio se fundamenta en tres áreas básicas, que son: el área espiritual, el área emocional y el área física, en ese estricto orden.

¿Por qué en ese orden? Porque si la pareja no desarrolla una unidad espiritual, creciendo juntos en esta área, la posibilidad de que puedan permanecer juntos se reduce considerablemente. La unidad espiritual es algo así como el acoplamiento de flexibilidad que une a las dos personas y que absorbe las diferencias entre ellos, permitiéndoles tener mayor tolerancia e interés el uno por el otro. La Biblia dice en el Salmo 1:1–3:

> "Bienaventurado el varón que no anduvo en consejo de malos, ni estuvo en camino de pecadores, ni en silla de escarnecedores se ha sentado; Sino que en la ley de Jehová está su delicia, y en su ley medita de día y de noche. Será como árbol plantado junto a corrientes de aguas, Que da su fruto en su tiempo, y su hoja no cae; y todo lo que hace, prosperará".

Confiar en Dios y poner en práctica las instrucciones que nos da en su Palabra nos dará la fortaleza espiritual para mantenernos firmes, aun en los momentos difíciles de la vida.

Nuestra conducta en el diario vivir es el resultado de nuestra relación con Dios, de la paz que tenemos, y de la sabiduría que alcanzamos al conocer su Palabra y hacerla parte de nuestra vida. Las debilidades humanas, como la ira, el enojo, la soberbia y el orgullo, son más fáciles de controlar cuando fortalecemos nuestra vida espiritual.

Cuando estamos fuertes en nuestra relación espiritual, se facilita considerablemente el manejo de la unidad emocional, justamente por la mayor tolerancia de ambos, además del interés mutuo de apoyarse y hacerse el bien el uno al otro.

Solamente con una alta dosis de alimento y unidad espiritual será posible tener la sabiduría para controlar las emociones de la mente y actuar con sabiduría e inteligencia.

La unidad emocional se obtiene asumiendo y manteniendo una actitud considerada con el otro; interesándose más en las cosas de su cónyuge que en las propias. Esto incluye la decisión de vencer las barreras del egoísmo, del orgullo. Tiene que ver con compartir intereses, mejorar la comunicación y disponerse a entender más al otro, evitando toda clase de ofensas en la relación.

Finalmente, la unidad física o intimidad sexual viene a ser el premio de una buena unidad espiritual y emocional. Es el regalo exquisito de Dios para un matrimonio obediente a su Palabra. Estamos hablando de una relación íntima de alta calidad y no de la relación sexual superficial, que es la más común.

Cualquier falta de unidad en lo emocional y lo físico se puede superar, si se logra la unidad espiritual. ¡Así fuimos diseñados! Cuando una pareja tiene una buena unidad espiritual y emocional, logra disfrutar su intimidad al nivel más profundo, obteniendo un goce óptimo en su relación íntima, generándose a la vez una mayor unidad integral de la pareja.

Si un matrimonio no desarrolla primero la unidad espiritual, es muy difícil ponerse de acuerdo en el área emocional e íntima.

¡Un matrimonio que está basado en las dos últimas áreas está caminando sobre arena movediza!

Capítulo 4

EL AMOR VERDADERO ES UN ACTO DE LA RAZÓN

"El amor es sufrido, es benigno, no es envidioso, no se envanece, no hace nada indebido, no busca lo suyo con egoísmo, no se irrita ni guarda rencor; le gusta la justicia y se goza de practicar la verdad, todo lo cree, tiene paciencia y todo lo soporta".

1 Corintios 13:4–7

E<small>L PASAJE ANTERIOR</small> habla de lo que es verdaderamente el amor. Es un conjunto de decisiones y acciones a favor de la persona a quien se ama. No es algo que tengamos que sentir. Por esa razón Dios nos manda a amarnos. Si fuera un sentimiento o una emoción, Dios no tendría que mandarnos a hacerlo.

Esta descripción del amor ideal es algo difícil de lograr, pero conforme vamos creciendo espiritualmente, adquirimos mayor capacidad para lograr vivir con ese tipo de amor y disfrutar más y mejor de la verdadera vida.

El amor hacia nuestro cónyuge debe ser de entrega sincera para amar con sacrificio, aun sobre nuestros propios deseos y necesidades, porque debemos recordar que nuestra misión más importante en el matrimonio es hacer feliz a nuestro cónyuge.

La pasión, la atracción y el romance son sentimientos y emociones. Estos tres elementos por lo general están presentes al inicio de la relación. Estos tres elementos sí se pueden acabar, pero el amor no, porque el amor es un conjunto de decisiones y acciones. Lo interesante es que cuando nos disponemos a amar por decisión, esos elementos se mantienen presentes mientras permanezca dicha decisión. Si la decisión es de por vida, entonces la pasión, el romance y el gozo de estar juntos puede permanecer para siempre. ¿Cómo ocurre eso? Porque la "decisión genuina de amar" está enfocada siempre en el beneficio del otro y no en el propio.

Hay muchas personas que dicen que no pueden ir contra lo que su corazón les indica, y que si sienten "amor" por alguien, deben dejarse llevar por el corazón. Esto es un grave error, primero porque no es realmente amor lo que está sintiendo esa persona; probablemente es emoción, pasión, atracción, deseo o capricho. Segundo, es un error porque al dejarse llevar por emociones, pueden lastimar a otras personas y eso definitivamente está muy mal.

La emoción es pasajera, pero la decisión, producto de la razón, es para siempre. El pacto del matrimonio es un pacto de amor que requiere tolerancia y respeto por la otra persona, aceptándola tal y como es y procurando siempre su bienestar.

El verdadero amor debe trascender las barreras del espacio propio para fundirse con el de la persona amada y ser un solo espacio. El verdadero amor nunca está pensando en el beneficio propio, sino en el de la otra persona.

Hay muchas parejas que dicen que es necesario respetarse el espacio de cada uno. Eso es un error porque en el pacto del matrimonio, para que funcione bien, ya no deben ser dos espacios individuales unidos, sino un solo espacio y más grande. 1+1 = 1, pero mejor, más capacitado. Lo que debe haber es más transparencia. Estamos hablando de unidad integral: espiritual, emocional y física. En el matrimonio las ideas y los proyectos de vida ya no pueden ser individuales; ahora deben fundirse en uno solo. Deben ser los proyectos de la pareja. Aunque cada uno tenga sus dones y talentos individuales, en el matrimonio se aportan incondicionalmente para bien de la relación y de la familia que tienen o van a tener.

Muchas parejas quieren disfrutar de los privilegios del matrimonio, pero no quieren aceptar las reglas para que sea un matrimonio funcional y agradable. Es imposible tener un matrimonio exitoso si no se siguen las instrucciones del manual que nos da el diseñador y creador del mismo.

Ya que la esencia del matrimonio es una función del bienestar de la relación personal, cuando vengan los conflictos, debemos enfocarnos en la solución del problema y no en buscar culpables, como hemos comentado anteriormente. Esa actitud bloquea la comunicación y no se logra una solución, sino se agrava el problema.

Se ha demostrado que la vía del escape mediante el divorcio no es una buena solución porque significa romper un compromiso con Dios y con el cónyuge. De esta manera, invalidamos nuestra propia palabra que dimos frente al altar y aceptamos una derrota que trae consecuencias graves a las familias.

Si una pareja no logra resolver los conflictos, debe buscar ayuda con un líder espiritual capacitado que les ayude a buscar soluciones en el manual de instrucciones del Creador. Él nos diseñó y conoce perfectamente los riesgos y las situaciones que podemos enfrentar. Por lo tanto, dejó las instrucciones para resolver cada conflicto por pequeño o grande que sea.

Al analizar el fundamento del pacto del matrimonio, llegamos a la conclusión de que consiste en un acuerdo de decisión mutua y libre para encargarse cada uno de la felicidad del otro y no de la propia. El trabajo del varón es encargarse de la felicidad y el bienestar de su esposa. La misión de la mujer es encargarse de la felicidad y el bienestar del varón.

En la ceremonia del matrimonio, ambos se comprometen delante de Dios y de los testigos presentes a amarse en la prosperidad y en la escasez, en la salud y en la enfermedad, en las buenas y en las malas, haciéndole frente a la vida en todo, hasta la muerte. Este pacto matrimonial incluye una actitud perdonadora mutua y permanente para que puedan convivir en paz y disfrutar de todo lo bueno que hay en un matrimonio.

Capítulo 5

ESTRUCTURA DESIGNADA
DE AUTORIDAD

En ninguna empresa, en ningún país, en ninguna institución, puede haber dos autoridades, dos presidentes o dos directores. Eso crearía una situación de anarquía o desorden.

Para evitar la anarquía en el hogar, uno de los dos debe ejercer la autoridad y la responsabilidad de gobernar la casa. Dios determinó que esa responsabilidad estaría sobre el varón.

> "Pero quiero que sepáis que Cristo es la cabeza de todo varón, y el varón es la cabeza de la mujer, y Dios la cabeza de Cristo".
> —1 Corintios 11:3

> "...él es imagen y gloria de Dios; pero la mujer es gloria del varón".
> —1 Corintios 11:7

> "Porque el varón no procede de la mujer, sino la mujer del varón, y tampoco el varón fue creado por causa de la mujer, sino la mujer por causa del varón. Mas en el Señor, ni el varón es sin la mujer, ni la mujer sin el varón".
> —1 Corintios 11: 8–9

"...no hay varón ni mujer; porque todos vosotros sois uno en Cristo Jesús".

—GÁLATAS 3:28

En estos pasajes de la Biblia, se nos habla de que delante de Dios, las mujeres son iguales a los hombres, pero sí hay una distinción en cuanto a las funciones. Ante Dios los dos somos igualmente importantes. Ambos tenemos igual valor, pero es necesario que guíe solo uno. Dios asignó al hombre la responsabilidad de gobernar la casa. Vamos a explicar muy bien lo que significa la palabra gobierno. Significa dirigir, guiar y enseñar. No significa mandar. Gobernar es un don que Dios les dio a los hombres para que pudieran cumplir con la función de dirigir, guiar, instruir y enseñar a su familia el camino a seguir. Gobierno, desde la perspectiva correcta, tiene mucho que ver con modelaje. El que gobierna, dirige y guía fundamentalmente con su ejemplo. Es imposible gobernar bien dando mal ejemplo.

Por eso dice la Biblia que el hombre representa la imagen y la gloria de Dios en el hogar, y su función es reflejarla a su esposa y a sus hijos. A la mujer se le asignó ser la ayuda idónea de su esposo para cumplir esa misión. Esto no significa una carta de poder para el varón, sino más bien la responsabilidad de dirigir, guiar, cuidar y proteger a su familia.

La mujer tiene la capacidad de ver y presentir cosas que por lo general los hombres no ven. Por esa razón, la misión de la mujer como ayuda idónea es muy importante en la relación matrimonial. Ella debe ayudar a su esposo a definir las reglas y las prioridades de la casa, y a planificar el futuro. No obstante, le corresponde al hombre tomar las decisiones correspondientes. Por causa de esta responsabilidad, el hombre debe procurar crecer espiritualmente.

Como líder del hogar, el hombre debe aprender y enseñar a su familia a reconocer los errores. Todos los seres humanos nos equivocamos y cometemos errores. Es muy importante para las buenas relaciones de pareja reconocer los errores y pedir perdón cuantas veces sea necesario. Esta es una función que debe modelar, primeramente, el que gobierna el hogar.

Nuestra familia nos va a admirar más cuando reconozcamos nuestros errores. Hay muchas esposas heridas porque sus esposos nunca reconocen que han cometido un error, o viceversa. Reconocer nuestros errores no nos hace menos. Nos ayuda considerablemente a tener mejores relaciones, especialmente con las personas que más amamos.

El líder del hogar debe modelar el pedir perdón y el perdonar. Reconocer los errores y pedir perdón capacita y le da autoridad al hombre para gobernar la casa y guiar a su familia. Ese modelaje ayudará a los otros miembros de la familia a hacer lo mismo y les ahorrará muchos problemas en la vida familiar y en sus relaciones con otras personas.

La Biblia enseña que el perdón es una decisión que involucra compasión, bondad, humildad, mansedumbre y paciencia. Hay cónyuges hombres y mujeres que nunca piden perdón, ni tampoco lo dan como Dios lo enseña. Eso es producto de la influencia del orgullo. El perdón se debe pedir cada vez que somos conscientes o se nos crea conciencia de que lastimamos a otra persona, especialmente si se trata del esposo, la esposa o de los hijos.

Jorge y Patricia iban aprendiendo las lecciones y

empezaron a trabajar más en la relación interpersonal y a desarrollar la unidad integral en el matrimonio.

Debido a que la unidad espiritual es lo más importante, lo primero que aprendieron a hacer fue buscar de Dios. Empezaron a ir a la iglesia juntos en familia, a orar juntos y a aprender más del manual del fabricante de la vida (La Biblia). Esto les ayudó a suavizar sus relaciones, vencer un poco el orgullo y el egoísmo, y a perdonarse mutuamente con más facilidad.

Luego empezaron a reunirse con otras familias que estudiaban la Biblia para aprender más de los principios de vida que se enseñan en ese manual de vida. Posteriormente, comenzaron a tomar decisiones importantes para su relación, tales como "decidir amar" aun por encima de sus propios deseos, evitando toda forma de ofensa, y practicando más la tolerancia y el respeto mutuo en toda ocasión posible.

Jorge y Patricia aprendieron a perdonar y pedir perdón, entendiendo que el perdón es simplemente tomar la decisión de no tomar en cuenta las ofensas. Todas estas cosas que empezaron a entender les dieron una luz de esperanza al matrimonio, sabiendo que quizás no sería muy fácil, pero valía la pena intentarlo. Después de todo, habían intentado otras opciones, pero nunca se habían dado la oportunidad espiritual como base para resolver los conflictos emocionales.

Capítulo 6

LAS DIFERENCIAS ENTRE AMBOS

Es impresionante la diferencia en el trato de la pareja cuando conocen mejor las diferencias entre ambos. Por lo general, las parejas no son conscientes de que existan tantas diferencias entre el hombre y la mujer, y lo importante que es entenderlas para manejarlas como complemento, en vez de competencia.

El hombre y la mujer son diferentes física, emocional y en temperamento; en muchos casos, también culturalmente. En varias ocasiones Jorge no entendía reacciones de Patricia, pues le parecían totalmente absurdas. Igualmente Patricia se quejaba de ser incompatible con su esposo en muchas cosas. Conocer y comprender sus diferencias les ayudó a mejorar considerablemente la relación. Veamos algunas de esas diferencias:

DIFERENCIAS FÍSICAS

- Los hombres tienen huesos más grandes y fuertes; además, almacenan más sangre en su sistema.

- Poseen hombros más anchos, tienen mayor fuerza física y hablan con un tono de voz más grave.

- El hombre usa un solo hemisferio del cerebro para procesar sus pensamientos y emociones.

- Las mujeres tienen caderas más anchas, tienen en general menos fuerza física, su voz es más aguda y melodiosa, y usan los dos hemisferios del cerebro para procesar sus pensamientos y emociones.

Las diferencias en las características físicas responden a un propósito diferente para cada uno, según la función que le toca ejercer a cada quien.

Es evidente que a los hombres les fue dada mayor fuerza física y condiciones que le permiten ejercer liderazgo en el trabajo, así como proteger a su familia.

El hecho de que los hombres procesen sus pensamientos y emociones con un solo hemisferio del cerebro está asociado con el hecho de ser más lógicos para tomar decisiones. La mujer tiene mayor intuición, por el uso de sus dos hemisferios cerebrales. Eso lo necesita la mujer para criar a sus hijos y proveerles la ternura que ellos necesitan. Está relacionado con la delicadeza y el carácter detallista de las mujeres, mientras los hombres, por lo general, son más simples en ese sentido.

Esta diferencia explica por qué la mujer, cuando no resuelve sus problemas, los pasa de un hemisferio al otro y piensa demasiado en las situaciones, lo cual externaliza con quejas constantes hacia su esposo. El hombre, que no entiende esta situación, generalmente considera que su esposa es muy necia y que no le debe hacer caso. Eso agrava el problema porque justamente la única manera en que la mujer pueda sacar el asunto de su mente es hablándolo. Obviamente la persona que ella necesita que le escuche con atención es su esposo.

Cuando la mujer se siente escuchada y entendida, entonces libera su mente de pensamientos y puede atender mejor las necesidades de su esposo e hijos.

DIFERENCIAS EMOCIONALES

La mujer es...

* Más intuitiva. Tiene un radar espiritual para discernir las cosas. Cuando se avecina un problema, ella tiene la capacidad de detectarlo anticipadamente.

* Es más sensible a los problemas y necesidades de la gente.

* Disfruta la sexualidad de manera diferente, por una necesidad interna que es estimulada por el romanticismo, la intimidad, la delicadeza, la ternura y las palabras lindas.

* Es más comunicativa. Normalmente habla mucho más que el hombre porque expresa todo con más detalles.

* La mujer tiene más resistencia al dolor. Puede continuar más fácilmente que el hombre en medio del dolor y las adversidades.

El hombre es...

* Más lógico y analítico para tomar decisiones.

* Es menos sensible, lo cual le permite balancear más objetivamente las situaciones.

- Disfruta la sexualidad de manera diferente, por un acto o una necesidad externos, siendo cautivado principalmente a través de la vista.
- El hombre es menos comunicativo. Normalmente comunica muy poco, especialmente después de casado.
- El dolor y el sufrimiento lo pueden detener y hasta paralizar. Muchos hombres no saben cómo resolver dolores y conflictos graves, y tienden a paralizarse emocionalmente.

DIFERENCIAS DE PERSONALIDAD

En el libro *Los hombres son de Marte y las mujeres son de Venus*[1], el autor John Gray expresa que el sentido de la personalidad de un hombre se define a través de su capacidad para alcanzar resultados. Por lo general, los hombres se enfocan más en los asuntos de negocios, metas, resultados, sin poner mucha atención a las áreas emocionales y sentimentales.

Gray afirma que el sentido de la personalidad de una mujer se define a través de sus sentimientos y la calidad de sus relaciones. Usualmente, la mujer le da mucha importancia a los sentimientos, las emociones y la buena calidad de las relaciones.

¿CUÁL ES EL PROPÓSITO DE SER DIFERENTES?

La sabia naturaleza une las parejas para que se complementen el uno con el otro. Las debilidades de uno son las fortalezas del otro y viceversa. De esta forma, nos unimos por medio de la atracción natural para que se complementen nuestras vidas.

Las leyes de la física hacen que los polos opuestos se atraigan y los polos iguales se repelan. Igualmente sucede con las personas. Algunas parejas no aprovechan el hecho de ser diferentes. No estamos hablando de ser un adversario del cónyuge, sino más bien un complemento para balancear el enfoque y la visión de la vida, y disfrutarla mejor.

El aprender y entender las diferencias entre los cónyuges ayudó mucho en la relación de Jorge y Patricia. A partir de ese momento, ellos comprendieron que muchas de sus tendencias de comportamiento se debían a esas diferencias y no a una actitud deliberada para causar daño o molestar al otro.

Capítulo 7

NECESIDADES FUNDAMENTALES
DE CADA UNO

TODA MUJER NECESITA:

1. Sentirse amada

LOS PRINCIPIOS BÍBLICOS, los estudios científicos y la experiencia humana en asuntos matrimoniales concuerdan en este aspecto. Dios, a través de la Biblia, manda al hombre a que ame a su mujer porque esa es una necesidad fundamental en ella. No es suficiente que el hombre diga que la ama; ella debe sentirlo.

Para sentirse amadas, ellas necesitan, primero que todo, ser escuchadas con atención por su esposo; sentir que su esposo está conectado con sus sentimientos y emociones y que se interesa sinceramente por sus sentimientos y emociones. Ellas no necesitan tanto que se resuelvan los asuntos, y están por lo general dispuestas a lo que sea, si su hombre valida sus sentimientos y emociones.

Ellas se sienten amadas también cuando son atendidas caballerosamente. Necesitan que su hombre las trate con ternura y comprensión, que las valore y las vea como la princesa de su vida, a la que hay que conquistar y proteger.

Las mujeres se sienten amadas cuando reciben demostraciones de fidelidad, apoyo, sinceridad, comprensión, atención, cuidado y dirección de su esposo.

2. Sentirse segura

En lo más profundo de su corazón, la mujer busca a cualquier costo sentirse segura, especialmente en sus valores, casa y economía.

La motivación que más busca la mujer está en el hogar porque ahí se siente segura y protegida. Por eso es muy importante para ella tener una casa, y le gusta decorarla y arreglarla para darle su toque personal.

Por lo general, las mujeres procuran enamorarse de un hombre que les "garantice" una seguridad económica, y frecuentemente colocan su mirada, en primera instancia, en hombres con recursos financieros o con un empleo bien remunerado. Si el hombre les ofrece una seguridad razonable, ellas se sienten confiadas para seguir adelante.

Otro factor vital para la seguridad de la mujer, sobre todo ya casada, es que su esposo viva sólidos principios espirituales y morales porque eso le permite vivir con confianza. Un esposo que sea íntegro y honesto les da seguridad a su esposa y a sus hijos.

Si el hombre hace sentir amada y protegida a su esposa, ella está dispuesta a dejarse llevar por ese hombre porque tiene la seguridad de que él no hará nada para ofenderla, sino la guiará con amor y comprensión, y la protegerá de cualquiera que quiera lastimarla.

Todo hombre necesita:

1. Sentirse respetado

Los principios bíblicos, los conocimientos científicos y la experiencia de la vida matrimonial enfocan las necesidades del hombre en dos aspectos básicos: el respeto y la admiración.

Todo hombre necesita sentirse respetado. Respetar al esposo significa honrarlo y reconocerlo como el líder del hogar, independientemente del trabajo que realice o el nivel de estudios que tenga; es su posición. Él representa la autoridad del hogar y debe ser respetado como tal.

Uno de los grandes temores de un hombre es que le pierdan el respeto, especialmente en su hogar, su esposa y sus hijos. Por esa razón muchas veces impone el respeto, aunque sea de forma brusca.

Si un hombre se siente honrado y respetado en su hogar, tendrá la tendencia a estar más en casa disfrutando con su familia. Pero si no se siente respetado, su autoestima se puede debilitar considerablemente, va a tender a estar más fuera de la casa y no va a poder cumplir con muchas de sus funciones en el hogar.

Una mujer respeta a su esposo cuando le da su lugar como líder de la casa, le habla con respeto y lo anima en todas las actividades. Cuando una mujer no respeta a su esposo y le grita o le declara palabras negativas, está atrayendo maldición a su casa porque está irrespetando la imagen y la gloria de Dios en ese hogar.

Toda mujer debe apoyar y animar a su esposo, trabajar junto a él, pero no en lugar de él. No fue diseñada para eso.

2. Sentirse admirado

El hombre fue diseñado para ser conquistador, para ser el protector y el héroe de su familia. El hombre necesita sentirse admirado por su esposa, por el esfuerzo que hace y, sobre todo, por ser la cabeza del hogar. No importa el éxito intelectual y profesional que obtenga, cuando el hombre se siente respetado y admirado como líder del hogar, tiene muchas más posibilidades de éxito y cumple mejor con sus deberes conyugales y sus responsabilidades como cabeza de familia.

Las mujeres sabias apoyan a sus maridos con paciencia y amor, y de esa manera los estimulan a salir adelante. Si un hombre siente el apoyo de su esposa y de sus hijos, se siente animado y motivado a luchar con más esfuerzo. Por esa razón es que se dice que al lado de un gran hombre, siempre hay una gran mujer.

A las esposas les conviene respetar y admirar a su esposo, ya que eso los estimula a esforzarse más por el bienestar de su familia y a permanecer más tiempo en casa.

Capítulo 8

NUESTROS TEMPERAMENTOS

Eɴ Dʀ. Tɪᴍ LaHaye, en su libro *Temperamentos controlados por el Espíritu*[1], expresa que el temperamento es la combinación de características con las que nacemos y que afectan subconscientemente el comportamiento humano. Está basado en la disposición de los genes al momento de la concepción, igual que los rasgos físicos, emocionales y mentales. El temperamento no puede ser cambiado y, así como las huellas dactilares, es una parte de nuestro ser que nos identifica de por vida.

Nada ejerce una influencia más poderosa sobre el comportamiento humano que el temperamento. Sin embargo, no es el único. La educación, el modelaje de los padres en la temprana edad y la cultura son también poderosas influencias sobre nuestro comportamiento.

El Dr. LaHaye enseña que el temperamento hace que una persona sea, por ejemplo, abierta y extrovertida, o tímida e introvertida. Igualmente, el temperamento hace que unas personas se entusiasmen por el arte y la música, mientras otras se centran en los deportes o en la producción industrial. Todos los temperamentos son necesarios en la vida, ya que responden muy directamente a la variedad de funciones y trabajos en nuestra sociedad.

Es muy importante comprender que fuimos creados

con un temperamento definido. Debemos aceptarnos tal cual somos y aceptar a nuestro cónyuge tal cual es. Nunca debemos tratar de cambiar el temperamento de nuestro cónyuge para que sea como nosotros quisiéramos. Por lo general, las parejas tienen temperamentos diferentes, lo cual es correcto, ya que se complementan mutuamente; de ahí la importancia de conocer nuestro temperamento.

Todo temperamento tiene fortalezas y debilidades. Comprender el temperamento del cónyuge nos facilitará entender su comportamiento y ayudarnos mutuamente en nuestras debilidades. Justamente esas debilidades nos hacen comprender cuánto necesitamos de Dios.

Si estamos débiles espiritualmente, la probabilidad de que las áreas débiles de nuestro temperamento gobiernen nuestra vida es muy alta. A pesar de que nadie puede cambiar el temperamento, el crecimiento espiritual nos da la capacidad de controlar esas áreas débiles y dar la impresión de haber cambiado.

Por eso es que el hombre o la mujer que no tiene valores espirituales o que está débil espiritualmente en su relación personal con Dios, tiende a manifestar las debilidades de su temperamento. Esta es una razón más para entender que solo con alimento espiritual podremos mantener el control sobre nuestro temperamento.

Somos diferentes y debemos aprender a aceptarnos y respetarnos mutuamente y a disfrutar de las diferencias de cada uno porque fue planeado por Dios que así fuera.

Expertos en materia del comportamiento humano han determinado que todos los seres humanos tenemos tendencias basadas en cuatro tipos de temperamento que son: el sanguíneo, el colérico, el melancólico y el flemático.

Les recomendamos hacerse un análisis de temperamentos. Incluimos un modelo de examen en el Apéndice de este libro. Así podrán determinar sus propias tendencias de comportamiento basadas en ese sello que recibimos todos al nacer.

Después de obtener el resultado de su temperamento, lea con su cónyuge las características más comunes de cada temperamento. Ahí podrán darse cuenta de por qué cada uno es como es. Es un asunto de la naturaleza y eso les ayudará a comprenderse y a ayudarse mutuamente.

En los personajes de nuestra historia, Jorge era un hombre muy intelectual, a quien no le gustaban las reuniones con muchas personas. Más bien le gustaba la soledad y el trabajo arduo. Patricia era una persona muy alegre, a quien le gustaban mucho las fiestas y las reuniones familiares.

Jorge tenía un temperamento colérico melancólico y Patricia era sanguínea flemática.

Cuando Jorge y Patricia aprendieron de las diferencias entre ambos, se dieron cuenta de que muchas de sus discusiones habían sido originadas por el desconocimiento de esta información.

Ahora podían entenderse mejor mutuamente y ayudarse en sus debilidades, en vez de criticárselas mutuamente. Eso les permitió dar un paso muy importante en el proceso de restauración y fortalecimiento de su relación.

Capítulo 9

EL EGOÍSMO EN EL MATRIMONIO

EL EGOÍSMO ES el excesivo aprecio que tiene una persona por sí misma, y que le hace atender desmedidamente su propio interés, sin preocuparse mucho del de los demás. Está relacionado con la ambición, la codicia, el individualismo, el egocentrismo y el irrespeto.

Es una de las más bajas manifestaciones de la naturaleza humana. Está ligado a nuestro corazón desde niños y se alimenta de raíces de amargura, del individualismo, del materialismo, de la ambición, de la ansiedad y, sobre todo, de la debilidad espiritual.

Es una enfermedad emocional degenerativa, que siempre tiende a sacar ventaja para sí. El egoísta piensa mucho en sí mismo y en obtener las personas y las cosas que él quiere. Ve las cosas como "buenas" o "malas", de acuerdo a la forma en que le afectan y tiende a creer que él es quien tiene la razón casi siempre.

Todos tenemos, en alguna medida, un grado de egoísmo. Pero entre mayor sea nuestro egoísmo, mayores serán nuestros problemas. Lo más difícil es que esta actitud es, por lo general, inconsciente en el que la tiene. Sin embargo, es evidente para el que la ve y sobre todo para el que la sufre como víctima.

Cuando nos enfocamos mucho en lo que yo quiero,

digo, o necesito, o cuando hablamos mucho en función de mis cosas: mi auto, mi casa, mi trabajo, mi deporte, manifestamos una actitud egoísta. Inclusive cuando le pedimos a Dios, le pedimos primero para nosotros.

El egoísmo es un destructor de matrimonios porque nos hace insensibles o poco sensibles a las necesidades y deseos de nuestro cónyuge, para poner énfasis en nuestros deseos, nuestras necesidades y nuestros gustos.

Veamos algunos ejemplos:

En la comunicación:

- No escuchamos al cónyuge.

- No le ponemos suficiente atención.

- Nos ponemos a ver televisión, leer el periódico, o a hacer cualquier otra cosa cuando nos está hablando.

- No respetamos su punto de vista, más bien lo criticamos.

- Cuando queremos imponer nuestro criterio, lo hacemos con gritos y fuerza, sin argumentos reales y convincentes.

En los intereses:

- No entendemos las necesidades y deseos de nuestro cónyuge.

- Luchamos por destacar nuestras necesidades y nuestro "derecho" a satisfacer nuestros deseos.

- Ignoramos a su familia y la juzgamos o criticamos, pero nos molestamos mucho si no toma en cuenta a nuestra familia.

- Tomamos decisiones sin consultarle, demostrando poco respeto a la opinión de nuestro cónyuge.

- Imponemos nuestra voluntad y hasta manipulamos para obtener nuestro deseo.

En las finanzas:

- Ignoramos los deseos, obligaciones y necesidades del cónyuge.

- Nos oponemos a que ayude a su familia.

- Nos volvemos avaros y desconfiamos de lo que gasta.

- Nos consideramos los dueños de la casa y de todo lo que en ella hay porque "yo" fui quien compró las cosas.

En las relaciones sexuales:

- No tomamos en cuenta las necesidades y deseos de nuestro cónyuge.

- El hombre frecuentemente busca su satisfacción sin tener en cuenta las emociones y sentimientos de la mujer, y sin considerar el proceso diferente que tiene la mujer para disfrutar la sexualidad.

- En el caso de las mujeres, frecuentemente se niegan sin considerar la necesidad de su esposo y usan la negación como arma de guerra o venganza contra su esposo.

En las relaciones familiares:

+ Cuando no queremos compartir con la familia de nuestro cónyuge, no la tomamos en cuenta o hasta la ignoramos, pero sí queremos que él o ella acepte y comparta con nuestra familia

+ Cuando manipulamos a los hijos o a la familia para buscar que nos den la razón a nosotros, en perjuicio de nuestra pareja

Todas estas manifestaciones de egoísmo frecuentemente generan resentimientos, heridas, separación emocional, y hasta odio y violencia. Por eso es muy importante reconocer esta actitud negativa y trabajar para controlarla.

¿Cómo controlamos nuestra actitud egoísta?

Lo primero es reconocer que hemos actuado egoístamente en muchas ocasiones, lastimando a nuestra pareja.

Segundo, debemos asumir una actitud de humildad, tolerancia y paciencia, y tomar la decisión de esforzarnos por poner atención y tratar de comprender el punto de vista de nuestro cónyuge, dedicando más tiempo a pensar en sus necesidades, deseos y gustos.

La regla de oro de las relaciones humanas es: "Haz con los demás como te gustaría que hicieran contigo".

Esta regla de relaciones humanas es proactiva y nos habla de tratar primero a los demás como nos gustaría que nos trataran a nosotros en cualquier situación. Muchas veces juzgamos y acusamos, sin darnos cuenta de que nosotros también hacemos lo mismo.

Si nos equivocamos, nos enojamos o nos sentimos frustrados por alguna situación, nos gustaría que nuestro cónyuge fuera comprensivo. Igualmente, debemos ser comprensivos si nuestro cónyuge se equivoca o tiene alguna actitud negativa.

A menudo decimos algo como: "Yo no haría esa tontería". Pero de seguro sí hacemos otras tonterías. Es frecuente que lo que a uno de los cónyuges le parece una tontería, al otro le parece algo importante. Debemos ser tolerantes con nuestros cónyuges, aun en lo que parecen tonterías, para que ellos también sean tolerantes con nosotros.

La Biblia enseña: *"...Todo lo que el hombre sembrare eso también segará"* (Gálatas 6:7). Si sembramos en nuestra pareja cariño, atención, respeto, amor, buena voluntad, consideración y apoyo, eso mismo vamos a recibir y, por lo general, más de lo que dimos. Las parejas que descubren este secreto y son pacientes en esperar los resultados, llegan a disfrutar su relación de una manera maravillosa. El mejor antídoto contra el egoísmo es el amor.

El manual de la vida, la Biblia, dice en 1 Corintios 13:4–7:

"El amor es sufrido, es benigno; el amor no tiene
envidia, el amor no es jactancioso, no se envanece;
no hace nada indebido, no busca lo suyo, no se irrita,
no guarda rencor; no se goza de la injusticia, mas se
goza de la verdad. Todo lo sufre, todo lo cree, todo lo
espera, todo lo soporta".

Poner en práctica esas decisiones de amor en función
de la otra persona, no solamente va a ir eliminando el
egoísmo de nuestras vidas. Nos hará sentir mucho mejor
y nos ayudará enormemente a disfrutar de una linda relación con la persona con quien compartiremos toda la
vida.

Jorge y Patricia comprendieron los alcances del egoísmo
y reconocieron que en varias ocasiones habían sido muy
egoístas en su relación. Habían pensado solamente en su
beneficio personal, sin darse cuenta si estaban hiriendo
al otro. Ellos tomaron la decisión de trabajar arduamente
para cambiar esa actitud y procurar vencer el egoísmo,
hablando mucho entre ellos para evitar asumir y estar seguros de no ofenderse mutuamente con actitudes egoístas.

Capítulo 10

EL ORGULLO EN EL MATRIMONIO

Nos REFERIMOS AL orgullo despectivo, altivo, soberbio, arrogante y prepotente; el que no reconoce errores, endurece el corazón y nos incapacita para perdonar y pedir perdón. Este orgullo es negativo, destructivo y causa muchos problemas.

Este orgullo es parte de la naturaleza humana al nacer y se alimenta del medio ambiente en el que crecemos. El modelaje machista o feminista, el materialismo y una vida sin principios espirituales acentúan el orgullo en nuestra vida.

Muchas veces son ciertas heridas en el alma o raíces de amargura causadas por situaciones traumáticas, especialmente en la infancia, que bloquean y endurecen el corazón de las personas, volviéndolas incapaces de perdonar y pedir perdón.

Hay un principio en psicología que dice que el dolor que no pudimos resolver, se lo cobraremos a alguien. Muchas heridas causadas por los padres o por alguna otra persona en la infancia y la juventud, frecuentemente marcan las vidas de las personas y las vuelven orgullosas.

El temor a sentirse inferior es otra causa de la actitud de orgullo. Muchas personas se esfuerzan al máximo para superarse en sus trabajos, estudios y todo lo que emprenden, para demostrarles a otros que son capaces y que sí valen. Estas personas no abren su corazón libremente porque temen que se les menosprecie o se les ignore. Están dispuestas a hacer muchas cosas para que otros vean que son valiosos y capaces.

La actitud orgullosa se mezcla frecuentemente con la autosuficiencia. La persona orgullosa cree que no necesita ayuda de nadie y que puede con todos los asuntos. A las personas orgullosas les cuesta mucho pedir ayuda.

¿Cómo afecta esta actitud a los matrimonios?

- Como no se aceptan los errores, se generan discusiones difíciles de manejar

- Como no se acepta que el cónyuge puede tener razón, se lesiona su autoestima y se distancia emocionalmente

- Como no se es capaz de pedir perdón, se endurecen las relaciones

- Como no se perdonan los errores del cónyuge, se generan resentimientos y rencores

- Como no se pide ni se acepta ayuda de otros, se hacen más difíciles las soluciones

La actitud orgullosa en el matrimonio genera resentimientos que se van acumulando y van volviendo tensas las relaciones. Muchas veces uno de los cónyuges tiende a mentir porque no tiene confianza en la reacción del otro. ¡Mucho cuidado con esto! Si un cónyuge no tiene la confianza de hablar abiertamente con su pareja alguien no adecuado lo podría escuchar.

La actitud orgullosa bloquea la comunicación y puede generar muchos problemas al matrimonio y a la familia.

¿Cómo controlamos el orgullo y la soberbia en el matrimonio?

Es estrictamente necesario que renunciemos a esta actitud para avanzar y madurar en nuestro matrimonio. Para vencer esa actitud negativa, es necesario crecer espiritualmente y entender que nada ganamos si ganamos una discusión, pero lastimamos a nuestro cónyuge. Debemos adquirir una actitud de humildad para reconocer los errores, y entender y aceptar que no siempre tenemos la razón. Con frecuencia nos parece que tenemos la razón en todo, pero eso no es posible en la naturaleza humana, por cuanto no somos perfectos. Tenemos que aceptar que en varias o muchas ocasiones, es posible que no estemos viendo todo el panorama y que estemos equivocados en nuestras opiniones.

La actitud de humildad nos ayuda a ver más amplio el panorama y reconocer nuestros errores. Cuando reconocemos nuestros errores y estamos dispuestos a ver otras opciones de pensamiento y las aceptamos, lograremos avanzar sólidamente en el proceso de madurez que nos beneficiará grandemente en nuestras relaciones, especialmente con nuestra pareja.

Una vez que somos conscientes de nuestros errores y los reconocemos, debemos dar el siguiente y muy importante paso que es pedir perdón y restituir a la persona que ofendimos.

El perdón se pide sin justificaciones ni condiciones. Es simplemente reconocer que afecté a otra persona y que debo pedirle su perdón, no importa la causa de la situación. Si es necesario, después de pedir perdón incondicionalmente, podemos hablar de las causas sin buscar justificarnos, sino simplemente para aclarar las situaciones y evitar que se repitan en el futuro.

Así como el perdón debe pedirse sin condiciones ni justificaciones, igualmente debe otorgarse sin condiciones ni justificaciones. Si alguien viene a nosotros con actitud de perdón, debemos recibirle y aceptar su solicitud inmediatamente para limpiar ese dolor en el alma. Si es necesario, se debe hablar del asunto, simplemente para evitar en lo posible que se repita la situación.

La Biblia dice:

"Fíate de Jehová de todo tu corazón, y no te apoyes en tu propia prudencia. Reconócelo en todos tus caminos y Él enderezará tus veredas".

—PROVERBIOS 3:5–6

Las Sagradas Escrituras enseñan que debemos tener la suficiente humildad para reconocer que nuestra propia sabiduría y nuestra propia prudencia no son suficientes. Lo ideal es acudir a Dios y hacerlo parte de todas nuestras actividades. Su promesa es que entonces Él nos enderezará el camino de nuestra vida, que nosotros torcimos con malas decisiones.

"Cuando viene la soberbia, viene también la deshonra, mas con los humildes está la sabiduría".

—PROVERBIOS 11:2

La Biblia también enseña que como resultado de una actitud orgullosa y soberbia, viene la deshonra delante de los demás. La deshonra genera rechazo, desánimo, y puede cerrar puertas importantes en nuestra vida. El antídoto más eficaz contra el orgullo es la actitud de humildad y mansedumbre.

"Vestíos, pues, como escogidos de Dios, santos y amados, de entrañable misericordia, de benignidad, de humildad, de mansedumbre, de paciencia; soportándoos unos a otros, y perdonándoos unos a otros si alguno tuviere queja contra otro. De la manera que Cristo os perdonó, así también hacedlo vosotros".

—Colosenses 2:12–13

La instrucción de Dios es que procuremos vivir con misericordia, siendo buenas personas con los otros; humildes en nuestra actitud hacia los demás; y mansos para no atropellar a la gente. Debemos ser pacientes con las fallas y los errores de los otros, asumiendo una actitud de perdón, entendiendo que debemos soportar a las personas a nuestro alrededor para que nos soporten a nosotros también.

Estos principios se aplican primeramente al matrimonio y la familia. Si somos capaces de aplicarlos en la familia, seremos capaces de aplicarlos afuera con mayor facilidad.

Jorge y Patricia también se dieron cuenta de la importancia de reconocer las manifestaciones de orgullo que había habido en su relación, de cuántas veces se dejaron llevar por esa actitud, y cómo eso había provocado mucho dolor entre ellos, hiriéndose mutuamente. Ellos tomaron la decisión de pedirse perdón por las veces que actuaron orgullosamente y decidieron ayudarse a vencer el orgullo con una actitud de humildad. Cada vez que uno de ellos tuviera la debilidad de manifestarse orgullosamente, el otro se esforzaría por no darle seguimiento a esa actitud, sino bajar la guardia con humildad, y esperar un momento propicio para hablar del tema y resolver el conflicto.

Capítulo 11

CREENCIAS QUE AFECTAN LA RELACIÓN

Las personas que deciden unirse en matrimonio deben entender que vienen de familias diferentes y a menudo de culturas diferentes. Eso quiere decir que cada cual trae sistemas de creencias muy distintos al de la persona con quien se va a unir. Entender esto muy bien les ayudará a comprender mejor algunos comportamientos o hábitos del cónyuge.

Por esta razón, ambos deben conocer muy bien sus raíces. Cuando se conoce el estilo de vida de la familia de la pareja, se tiene una buena idea de su forma de pensar, de sus hábitos de vida y de su manera de enfrentar las circunstancias.

Los patrones de conducta de las personas están determinados por la forma en que fueron enseñados, lo cual quiere decir que su pareja probablemente se comportará de forma muy similar a lo que vivió con su familia. Existen tendencias, por ejemplo, en cuanto a la forma de cocinar, de lavar, de guardar la ropa, de comer y muchas otras más, que se han aprendido en el hogar de crianza. A menudo estas diferencias provocan conflictos en los matrimonios.

A las personas que vienen, por ejemplo, de hogares

PRINCIPIOS DE VIDA EN PAREJA

disfuncionales, se les hace difícil tener un hogar funcional. Las personas que han vivido experiencias duras y difíciles en sus hogares han tenido que aprender a defenderse de manera incorrecta. Es muy importante conocer experiencias vividas en el pasado y hablar acerca de las tendencias familiares, con el único propósito de conocerse y comprenderse mejor para ayudarse mutuamente a la hora de enfrentar conflictos en el matrimonio.

La buena noticia es que los patrones de conducta originados en experiencias difíciles o como consecuencia de la herencia genética o del medio ambiente en que nos desarrollamos, pueden ser modificados cuando se aprenden principios de vida correctos que modifican nuestro sistema de creencias. Esos principios nos ayudarán a entender mejor la relación matrimonial y cómo manejarla con sabiduría.

Tenemos que entender también que los patrones de conducta heredados por nosotros o por nuestro cónyuge, no son actitudes deliberadas para molestar al otro, sino consecuencias involuntarias de una herencia espiritual y emocional. Es muy importante entender esto claramente, ya que va a evitar muchas molestias en la relación. Es mucho más fácil entenderse cuando uno es consciente de que muchas de las actitudes del cónyuge se deben a patrones de pensamiento heredados y no precisamente a actitudes negativas.

Vamos a analizar también algunos sentimientos que afectan las relaciones.

RAÍCES DE AMARGURA

Las raíces de amargura son sentimientos de dolor escondidos en el corazón, causados por circunstancias que vivimos. Muchas personas vivieron circunstancias muy difíciles en su vida, donde sus emociones fueron lastimadas tan profundamente, que no han podido perdonar, originando así una raíz de amargura en su corazón. Esas raíces de amargura provocan comportamientos rebeldes y actitudes negativas en las personas que no las resuelven. Algunas raíces de amargura generan marcas de por vida en las emociones de las personas, haciéndolas cautivas de esos sentimientos. La única manera de librarse de esas raíces es con el perdón.

Hay otros tipos de raíces de amargura producidas por expectativas no cumplidas en la vida. Cuando nos sentimos frustrados por no lograr alcanzar ciertas metas, eso nos puede volver amargados. Ejemplos de esto son: no haber podido culminar la carrera que queríamos, encontrarnos casados con una persona que no esperábamos, la frustración de no haber podido obtener lo que deseábamos, entre otras.

Esas raíces de amargura afectan nuestro comportamiento y, en consecuencia, las relaciones con las personas a nuestro alrededor. Para resolver este tipo de raíces tenemos que aceptar que la vida no es perfecta y muchas veces no logramos obtener lo que queremos. Debemos aceptar nuestra realidad, mientras mantenemos la esperanza de que si seguimos intentando y luchando por aquello que queremos, lo podremos lograr. Tal vez no lo lograremos de la manera exacta que queríamos, pero debemos aceptarlo con agradecimiento en nuestro corazón.

En el más grave de los casos, hay raíces de amargura que son consecuencia de juicios que hemos dicho contra otras personas. Esta clase de raíces son muy sutiles porque, por lo general, no somos conscientes de los juicios que hacemos contra otras personas.

La Biblia nos dice:

"Porque con el juicio con que juzgáis, seréis juzgados,
y con la medida con que medís, os será medido".

—Mateo 7:2

"Por lo cual eres inexcusable, oh hombre, quienquiera
que seas tú que juzgas; pues en lo que juzgas a otro,
te condenas a ti mismo; porque tú que juzgas haces
lo mismo".

—Romanos 2:1

Debemos tener mucho cuidado de no juzgar a nadie para que no seamos contaminados por los juicios que hagamos y que producen enojo y crean raíces de amargura. Todo juicio que hacemos contra otras personas nos afectará negativamente en algún momento de nuestra vida. Para evitar estas raíces negativas, debemos evitar hacer todo tipo de juicio contra alguien, y jamás hacerlo contra nuestro cónyuge ni nuestros hijos.

Con frecuencia hacemos juicios antes de tiempo basados en nuestros propios pensamientos, descubriendo así nuestros motivos humanos y egoístas. Lo que sembramos, cosechamos. Por esta razón, los esposos frecuentemente se convierten en los padres que las esposas han juzgado. Si una mujer ha juzgado a su padre, con razón o sin ella, tiene una alta probabilidad de sufrir con su esposo lo mismo que juzgó o algo peor.

Muchos divorcios ocurren porque las parejas tienen en su corazón raíces de amarguras ocultas y expectativas que desconocen. No hablan de estas cosas, las mantienen guardadas y afectan poderosamente sus vidas. Es lamentable que terminan echando por la borda sus proyectos de vida simplemente porque no sanaron esas raíces de amargura.

La Biblia enseña:

> "Mirad bien, no sea que alguno deje de alcanzar la gracia de Dios; que brotando alguna raíz de amargura, os estorbe, y por ella muchos sean contaminados".
>
> —HEBREOS 12:15

Las raíces de amargura nos impiden disfrutar de la vida. Nos causan dificultades y nos inducen a contaminar a muchas personas a nuestro alrededor. Es de vital importancia que nos confrontemos a nosotros mismos para identificar raíces de amargura que necesitemos sanar inmediatamente.

VOTOS INTERNOS

Los votos internos son determinaciones que hacemos en la vida, a menudo desde niños. Estos votos se convierten como en un programa de computadora en nuestro ser. Se adaptan a nuestra mente, reproduciendo repetidamente los votos que hemos impreso. A estos votos se les llama internos porque están escondidos en lo profundo de nuestra mente y generalmente los olvidamos.

Estos votos internos son causados por sufrimientos y heridas emocionales que recibimos en algún momento de nuestra vida, especialmente en nuestra edad infantil y adolescente. Ejemplos de esto son cuando un niño es lastimado por una actitud grosera de su padre, o porque ve a sus padres peleando mucho, o porque le dicen muchas palabras negativas, o porque sus padres quieren controlarle su vida. Muchas veces se deben a abusos emocionales severos o inclusive a abusos físicos y sexuales que sufren en esa temprana edad cuando no pueden defenderse. El dolor causado por esas circunstancias genera en la persona la decisión de hacer esos votos internos.

Estos votos internos generan actitudes como por ejemplo:

- ¡Nadie más va a controlar mi vida!
- ¡Nunca más voy a confiar en nadie más que en mí mismo!
- ¡No vale la pena que haga algo por mí mismo!
- ¡Trataré de evitar acercarme mucho a las personas!
- ¡Prefiero vivir solo!
- ¡Todos los hombres son iguales, falsos y mentirosos!
- ¡Nunca le entregaré mi vida a ninguna otra persona!

Aunque estos votos puedan ser verdaderos para la persona herida, en realidad son una decepción para esa persona porque siente que son asuntos que se salieron de su control y no sabe cómo lidiar con ellos.

Un hombre que vino a nuestra oficina decía que se le dificultaba entregarse a su esposa totalmente. Había algo que le molestaba mucho y no sabía que era. Después de orar y conversar un rato, nos contó de una experiencia con una novia que tuvo antes de conocer a su esposa. Él había amado mucho a esa novia y estuvieron a punto de casarse, hasta que unos días antes de la boda, ella le dijo que no se casaría con él porque realmente no lo amaba. Ese dolor provocó en él una fuerte raíz de amargura y lo llevó a declarar un decreto: "Nunca más le entregaré mi corazón a otra persona". Ese voto interno le impedía entregarse a su actual esposa hasta que salió a la luz, perdonó a aquella exnovia y canceló el voto interno que había hecho. Después de esa experiencia, pudo disfrutar mucho mejor de su relación con su esposa y empezaron a crecer emocionalmente como pareja.

Las raíces de amargura y los votos internos se arraigan tanto en nuestro ser, que establecen patrones de pensamiento y se convierten en "la verdad" por la cual vivimos y rige nuestra vida. Entre más tiempo permanezcan en nuestro corazón, más poderosos se vuelven, por lo cual deben deshacerse de ellos cuanto antes, por medio de un proceso de sanidad interior.

Lo primero es identificar esas raíces de amargura y los votos internos que puede haber en nuestro corazón. Luego empezamos a perdonar, una por una, a las personas que nos hirieron, para que nuestro corazón se vaya limpiando de todas esas heridas y avancemos en la sanidad integral de nuestra mente.

Lo segundo que necesitamos hacer después de sanar el corazón, es limpiar la mente, para remover cualquier "verdad" de nuestro sistema de creencias, la cual ha sido fundamentada en un concepto equivocado, por causa de raíces de amargura o votos internos. Debemos poner mucha atención para identificar esas mentiras y sustituirlas por verdades reales que están en la Palabra de Dios.

> "No os conforméis a este siglo, sino transformaos por medio de la renovación de vuestro entendimiento, para que comprobéis cuál sea la buena voluntad de Dios, agradable y perfecta".
>
> —ROMANOS 12:2

"Finalmente, sed todos de un mismo sentir, compasivos, amándoos fraternalmente, misericordiosos, amigables; no devolviendo mal por mal, ni maldición por maldición, sino por el contrario, bendiciendo, sabiendo que fuisteis llamados para que heredaseis bendición".

—1 PEDRO 3:8–9

La práctica de estos principios que están en los pasajes anteriores nos enseña que podemos renovar nuestra mente dejando la venganza, y perdonar y bendecir a los que nos ofendieron, para que nosotros mismos recibamos bendición. La primera bendición que vamos a recibir es la paz.

Jorge y Patricia aprendieron mucho de esta lección y decidieron recordar y hablar mucho de sus experiencias infantiles y juveniles. Usaron los álbumes de fotos de las familias para recordar eventos del pasado que pudieran haber afectado sus emociones y sus sentimientos. Encontraron varios recuerdos dolorosos y descubrieron raíces de amargura y votos internos que habían hecho. Oraron a Dios, perdonaron y bendijeron a las personas que los habían lastimado, lo cual trajo mucha paz a sus vidas. Limpiar sus corazones y sus mentes les ayudó enormemente a mejorar su relación matrimonial y a acercarse entre ellos más cada día más.

Capítulo 12

APRENDER A PERDONAR
Y A PEDIR PERDÓN

En el capítulo anterior hablamos de perdonar para sanar las heridas y cancelar raíces de amargura y votos internos. Pero es muy importante profundizar un poco más en lo que realmente significa perdonar.

Perdonar significa "pasar por alto las ofensas", o sea, no tomarlas en cuenta. El padrenuestro dice:

> "Y perdónanos nuestras deudas, como también nosotros perdonamos a nuestros deudores".
>
> —Mateo 6:12

> "Porque si vosotros no perdonáis, tampoco vuestro Padre que está en los cielos os perdonará vuestras ofensas".
>
> —Marcos 11:26

> "Entonces se le acercó Pedro y le dijo: Señor, ¿cuántas veces perdonaré a mi hermano que peque contra mí? ¿Hasta siete? Jesús le dijo: No te digo hasta siete, sino aun hasta setenta veces siete".
>
> —Mateo 18:21–22

Dios nos manda a perdonar sin condiciones ni justificaciones. Eso quiere decir que si Él nos lo manda es porque es una decisión; no es algo que tengamos que sentir. Tampoco hay que condicionar ni justificar el perdón. Se pide y se da. Quizás alguien te lastimó mucho en el pasado; pudo haber sido tu padre, tu madre, algún familiar o tu mismo cónyuge, pero Dios nos manda a perdonar sin condiciones ni justificaciones.

¿Cómo puedo perdonar a alguien que me lastimó profundamente?

Somos seres humanos inteligentes con capacidad de tomar decisiones que nos beneficien. El perdón es una decisión que podemos y debemos tomar porque a quien más va a beneficiar esa decisión es a nosotros mismos.

Es muy importante y ayuda mucho entender que cuando decidimos perdonar, la primera motivación debe ser que lo hacemos para obedecer y agradar a nuestro Padre celestial porque Él nos lo dice en su Palabra.

Perdonar produce muy buenos beneficios: libertad, paz, gozo, alegría y frecuentemente conduce a una reconciliación hermosa con la persona con quien estábamos enojados.

En cambio, no perdonar puede tener consecuencias graves en las personas, como por ejemplo: estrés, tensión, desánimo, malestar general o enfermedades. No perdonar nos conduce a una condición de ira y enojo que afecta muchas de nuestras actividades.

Muchas personas dicen: "¡No voy a perdonar a "fulano", porque no se lo merece"! Pero esta es una mala decisión porque el que más va a sufrir por la falta de perdón va a ser quien no perdona. El perdón no se da porque el ofensor lo merezca, sino por obediencia, conveniencia y paz para el ofendido. El ofensor también saldrá beneficiado por el perdón como consecuencia de la decisión del ofendido, y eso está bien. Así lo diseñó Dios.

Tenemos que entender una realidad: todas las personas ofendemos. Debemos estar aún más dispuestos a perdonar porque es muy probable que mañana seamos nosotros los ofensores y vamos a necesitar que nos perdonen.

Perdonar significa pasar por alto las ofensas y se necesita una actitud de humildad y tolerancia para lograrlo. Lo maravilloso del diseño de Dios en nuestra vida es que cuando podemos ser humildes y tolerantes, y tomamos la decisión de perdonar, algo especial ocurre en nuestro ser que nos hace sentir libres, con esperanza y con nuevas fuerzas.

Dios nos manda a tener una actitud perdonadora permanente porque eso nos beneficia. Si aún te falta perdonar a tu esposo, toma la decisión de perdonar hoy. Perdona ofensas específicas. Recuerda que el perdón se debe dar y recibir sin condiciones y sin justificaciones.

Toma hoy la decisión de perdonar a esas personas que te lastimaron y empieza a bendecirlos como señal verdadera de que les has perdonado. Es muy importante hablar este tema y sacar a la luz esos recuerdos dolorosos, con el único y exclusivo propósito de perdonar persona por persona delante de Dios. Esto trae libertad a tu vida y te permitirá vivir en paz y gozo.

¿Recuerdas eventos dolorosos de tu niñez o de tu vida? ¿Fuiste lastimado o dañado por alguien cercano a ti? ¿Te has sentido ofendido por tu cónyuge? Escribe cuándo y cómo. Luego, toma la decisión de perdonar a quien sea que te haya lastimado. Libérate de esa carga hoy mismo. Imagínate en tu mente tomando la mano de esa persona que te hirió, y llevándola ante Dios. ¡Él perdona y tú también!

Detén la lectura en este momento y tómate unos minutos para reflexionar sobre este tema y tomar la decisión que debes tomar hoy. Si puedes, llama a esas personas que te hirieron y decide perdonarlas hoy. Empieza pidiendo perdón a esas personas por haberlas juzgado y por haberles cerrado tu corazón.

Si se trata de tu cónyuge, busca un momento y un lugar oportuno, háblale de lo que sientes en tu corazón y empieza tú pidiéndole perdón por no comprenderlo o por lo que seas consciente que ha dañado a tu pareja. Dale la oportunidad de que después él o ella te pida perdón, sin que eso sea una obligación.

ACTITUD DE TOLERANCIA

Es la disposición de admitir en los demás una manera de ser, de obrar o de pensar distinta a la propia.

Sinónimos: paciencia, condescendencia, aguante, permisividad

Antónimos: intolerancia, impaciencia

No debemos tolerar que nosotros ni que otros hagan daños a otras personas, y menos al cónyuge, a quien se supone que debemos amar y cuidar por el resto de nuestras vidas.

La tolerancia hacia las personas debe estar basada en el amor, la compasión y la humildad. La motivación correcta por la que debemos ser tolerantes es porque le amamos y queremos ser compasivos y humildes. Ejemplos:

- Debemos ser tolerantes sobre decisiones relacionadas con dinero.

- Debemos ser tolerantes en aceptar los gustos y deseos del cónyuge.

- Debemos ser tolerantes en los intereses familiares de mi cónyuge y apoyarlo.

- Debemos ser tolerantes en cuanto a la distribución del tiempo, de manera que todos tengamos oportunidad de compartir los unos con los otros.

- Debemos ser tolerantes en cuanto a la educación de los hijos, siendo diligentes, y atendiendo también sus deseos y necesidades.

La intolerancia o la baja tolerancia se fundamentan, por lo general, en la frustración, raíces de amargura, faltas de perdón, heridas del pasado, temperamentos perfeccionistas, insatisfacción, escasez económica y otros problemas de la vida.

> "Así que, sigamos lo que contribuye a la paz y a la mutua edificación".
> —Romanos 14:19

> "Así que, los que somos fuertes debemos soportar las flaquezas de los débiles, y no agradarnos a nosotros mismos. Cada uno de nosotros agrade a su prójimo en lo que es bueno, para edificación".
> —Romanos 15:1–2

> "Con toda humildad y mansedumbre, soportándoos con paciencia los unos a los otros en amor, solícitos en guardar la unidad del Espíritu en el vínculo de la paz".
> —Efesios 4:2–3

Las Sagradas Escrituras nos enseñan que no debemos insistir en nuestros derechos, sino tengamos una actitud desprendida hacia las personas a nuestro alrededor.

La tolerancia está en relación directa con la madurez espiritual. En la medida que crecemos espiritualmente, tenemos mayor capacidad para ser tolerantes con los que están a nuestro alrededor.

Jorge y Patricia entendieron que era necesario perdonarse mutuamente y perdonar a sus padres y familiares que los habían ofendido en diversas ocasiones. Tomaron la decisión de no tomar en cuenta las ofensas de las que habían sido objeto y dejar atrás el pasado. Se miraron frente a frente y se pidieron perdón sin condiciones y sin justificaciones. Decidieron aplicar el principio de la tolerancia en sus relaciones personales, con los hijos y con las otras personas alrededor. A partir de ese momento, sus vidas fueron mucho más livianas y pudieron disfrutar mucho más de las cosas lindas de la vida.

Capítulo 13

FUNCIONES Y RESPONSABILIDADES DEL HOMBRE

Hoy día, mucha gente dice que el matrimonio es de dos y que los dos deben poner por igual, y tienen los mismos derechos y responsabilidades. Pero bíblicamente eso no es verdad.

En el pacto del matrimonio, según el diseño bíblico, cada uno tiene derechos, deberes y responsabilidades diferentes que deben entender y vivir para que se cumpla el propósito del mismo.

Desde el principio de la creación, Dios le asignó al hombre la autoridad y la responsabilidad de gobernar sobre las cosas de la Tierra. Veamos lo que dice en el libro de Génesis 2:15–19:

> "Tomó, pues, Jehová Dios al hombre, y lo puso en el huerto de Edén, para que lo labrara y lo guardase. Y mandó Jehová Dios al hombre, diciendo: De todo árbol del huerto podrás comer; mas del árbol de la ciencia del bien y del mal no comerás; porque el día que de él comieres, ciertamente morirás. Y dijo Jehová Dios: No es bueno que el hombre esté solo; le haré ayuda idónea para él. Jehová Dios formó, pues, de la tierra toda bestia del campo, y toda ave de los cielos, y las trajo a Adán para que viese cómo

las había de llamar; y todo lo que Adán llamó a los
animales vivientes, ese es su nombre".

"Porque el varón no debe cubrirse la cabeza, pues él
es imagen y gloria de Dios; pero la mujer es gloria
del varón".

—1 Corintios 11:7

Es evidente que Dios, desde la creación, dejó establecido cómo iba a ser el organigrama de funciones y responsabilidades del hombre y la mujer.

Vamos a analizar primero las funciones y responsabilidades del varón.

Líder espiritual

Es el responsable por el desarrollo espiritual, individual
y emocional de su familia. Es el que marca las pautas
espirituales. Debido a su responsabilidad ante Dios, el
hombre debería ser tanto o más consagrado que su mujer.
El hombre debe modelarles a su esposa y a sus hijos su interés por buscar de Dios y vivir principios espirituales en
la casa.

El hombre como líder espiritual de su hogar debe ser
el que tenga la iniciativa para orar en su casa e interceder
ante Dios por las necesidades de su esposa e hijos. Debe
llevar a su familia a la iglesia y velar por el crecimiento
espiritual de cada uno de ellos.

Cuando el hombre empieza a tomar su posición como
líder espiritual, esto hace que la mujer se sienta segura
y entonces ella puede respetarlo y admirarlo, y cumplir
mejor su función de esposa.

LÍDER DEL HOGAR

El líder del hogar es el que tiene la autoridad y la responsabilidad en el hogar. Es el responsable por que las cosas marchen bien. Si un hogar marcha mal es porque el líder (hombre) no está ejerciendo su función de líder correctamente. Líder es el que guía, dirige y enseña; no el que empuja para que se hagan las cosas. El líder imparte y da amor incondicional.

El líder del hogar dirige de tres maneras:

a. Con autoridad: Dios le ha dado la autoridad para guiar a su familia.

b. Con instrucción: Instruye en todo a su esposa e hijos.

c. Con ejemplo: Modela con su propio comportamiento.

Hay una gran escasez de hombres espirituales en nuestra sociedad contemporánea. En la mayoría de los casos, las mujeres son las que llevan la carga espiritual del hogar, muchas veces la emocional y en algunos casos hasta la económica. Esto no debe ser así porque ese no es el diseño del creador. Ese tipo de disfunción en el hogar trae consecuencias negativas a la familia.

La mayor parte de los problemas matrimoniales ocurre justamente porque el hombre está ausente o no está ejerciendo su función como líder de su hogar. Es como un barco que está sin capitán o con un capitán que no ejerce su autoridad. La probabilidad de que el barco no llegue a su destino es muy alta.

NUTRIDOR EMOCIONAL

El papel del *nutridor* es apoyar, levantar, animar a los miembros de su familia. Por cuanto las mujeres son más sensibles y emocionales, son más susceptibles a los problemas de la vida. El hombre debe ser un sólido apoyo emocional siempre, más aún en momentos de crisis, de enfermedad, de tristeza, de dolor y de angustia.

La mujer necesita ese apoyo emocional constantemente, pero en forma especial durante el período menstrual; durante el embarazo y después del mismo; en la menopausia; cuando tiene que enfrentar situaciones emocionales difíciles; y en momentos de dolor por la pérdida de algún ser querido.

Los hijos van a necesitar mucho apoyo emocional de su padre cuando enfrenten situaciones difíciles en su caminar diario. El futuro de un hijo puede depender del respaldo que se le dé en un momento de tensión o estrés. Por esta razón, es necesario que el hombre mantenga una buena comunicación con sus hijos e invierta tiempo suficiente con ellos para valorar sus actitudes emocionales.

El hombre necesita crecer espiritualmente para adquirir la capacidad de darle apoyo emocional a su esposa sin herirla, sino más bien animándola con palabras de afirmación, con oración, y con acciones que le den seguridad y le hagan sentirse amada.

> "Maridos, amad a vuestras mujeres, así como Cristo amó a la iglesia, y se entregó a sí mismo por ella, para santificarla, habiéndola purificado en el lavamiento del agua por la palabra, a fin de presentársela a sí mismo, una iglesia gloriosa, que no tuviese

mancha ni arruga ni cosa semejante, sino que fuese
santa y sin mancha".

—EFESIOS 5:25–27

Usar palabras de afirmación, y orar por y con la esposa
es como el abono y el riego que hacen que una planta
dé una preciosa flor. Cuando una mujer recibe ese cuidado de su esposo, ella se muestra contenta, animada y su
tez se torna brillante y llena de colores hermosos, como
la flor que es cuidada por su jardinero con esmero y esfuerzo. Lo mejor del asunto es que al fin y al cabo quien
va a disfrutar de esa mujer llena de vida es él mismo.

PROVEEDOR

El hombre es quien provee las necesidades materiales de
la familia. Para ser un buen proveedor, tiene que ser un
buen trabajador. Dios no bendice a vagos. Para que Dios
bendiga como proveedor, se debe:

a. *Tener el deseo de trabajar*

b. *Hacer el esfuerzo*

> "Esfuérzate y sé valiente; porque tú repartirás a este
> pueblo por heredad la tierra de la cual juré a sus pa-
> dres que la daría a ellos. Solamente esfuérzate y sé
> muy valiente, para cuidar de hacer conforme a toda
> la ley que mi siervo Moisés te mandó; no te apartes
> de ella ni a diestra ni a siniestra, para que seas pros-
> perado en todas las cosas que emprendas. Nunca se
> apartará de tu boca este libro de la ley, sino que de
> día y de noche meditarás en él, para que guardes
> y hagas conforme a todo lo que en él está escrito;

porque entonces harás prosperar tu camino, y todo te saldrá bien".

—JOSUÉ 1:6–8

El hombre fue diseñado para que pueda trabajar duro y traer el alimento a su hogar. Así ha sido desde la creación de la raza humana. Cuando el hombre no es proveedor en su hogar, trae inseguridad a la familia. Por eso los hombres deben esforzarse y prepararse lo mejor posible en su trabajo, para que su esposa no tenga que trabajar o lo haga solo parcialmente, de manera que ella pueda dedicarse a atenderlo a él y a sus hijos.

Sería ideal que la mujer no trabaje fuera del hogar para que se pueda dedicar a tiempo completo a su función más importante en la vida y para la que fue diseñada: atender a su esposo y a sus hijos. Eso no quiere decir que la mujer no debe prepararse. La preparación intelectual es buena y siempre va a dar su fruto, aunque sea para estar capacitada para ayudar mejor a su esposo y a sus hijos.

Si es necesario que la mujer trabaje, debería hacerlo solo a tiempo parcial. Es preferible tener menos "materialmente" y disfrutar más y mejor de lo más importante en la vida, que es compartir el amor en familia.

PROTECTOR

Es uno que protege a su familia física y espiritualmente. Es el que representa la fuerza de defensa del hogar. Es el que los defiende de cualquier ataque que venga del exterior. El hombre debe proteger a su familia en momentos de crisis y velar por el bienestar de cada uno de sus miembros. El hombre como protector es el que trae seguridad a la familia, pero no puede hacerlo si él mismo tiene inseguridades. Hombres indecisos, inmaduros, egoístas, mentirosos no traen seguridad a la familia. Muchas veces el hombre debe sanar su mente y su corazón para poder proteger a su familia.

PROGENITOR

Cada hombre es responsable por cuatro generaciones. Debemos entender que las decisiones que tome, buenas y malas, afectarán hasta cuatro generaciones después de él. Esta es una gran responsabilidad que el hombre debe conocer muy bien, para que evite tener hijos donde sea y como sea, ya que sus acciones y decisiones van a marcar hasta cuatro generaciones adelante.

DESARROLLADOR Y CULTIVADOR

Cada hombre fue hecho por Dios para desarrollar y cultivar todo lo que sale de él. Si el hombre hace su trabajo efectivamente, su esposa brillará cada día más como una mujer virtuosa porque a medida que pasa el tiempo, el hombre la va cultivando para entregársela a sí mismo y disfrutarla como Dios lo planeó.

Es igual con sus hijos. El hombre tiene en su esencia la proyección de sus hijos, y debe cultivarlos y desarrollarlos para que ellos alcancen su máximo potencial y sean aún mejores que él.

Jorge aprendió cuáles eran sus funciones en el hogar y de inmediato empezó a hacer los ajustes necesarios para adaptarse a las responsabilidades que aún no cumplía. El resultado fue una actitud diferente en su esposa, que se sintió muy feliz de ver a su esposo asumiendo algunas responsabilidades, las cuales ella había tenido que asumir sin que le correspondieran. Estas decisiones les ayudaron a mejorar su relación de pareja y a disfrutar cada día más de todas las cosas buenas que estaban ocurriendo en su familia.

Capítulo 14

FUNCIONES Y RESPONSABILIDADES DE LA MUJER

SER LA AYUDA IDÓNEA DE SU MARIDO

"Y dijo Jehová Dios: No es bueno que el hombre esté solo; le haré ayuda idónea para él".

—GÉNESIS 2:18

"AYUDA" VIENE DE la palabra hebrea "Ezer", que significa cercar, rodear, proteger, socorrer, auxiliar en momentos de crisis y dificultad. Dios dio la mujer al hombre para cercarlo, rodearlo, protegerlo y socorrerlo en momentos de dificultad y crisis, por ejemplo, ante problemas financieros, espirituales, del hogar, peligros, decisiones equivocadas y otros. Nunca debe criticarlo ni juzgarlo, sino animarlo a seguir adelante.

Muchas veces los hombres se ven sometidos a mucho estrés para poder cumplir con sus obligaciones. Una buena ayuda idónea le ayudará en sus funciones para que él se apoye en ella en esos momentos importantes.

La primera área de apoyo a su esposo debe estar enfocada en la motivación para que él busque la dirección de Dios en decisiones importantes de la familia, pero nunca exigirle, ni manipular para que él tome las decisiones que ella quiere.

La mujer recibió cualidades especiales para que ayude a su esposo en la tarea de cuidar de los hijos y del patrimonio familiar. Por ejemplo, ella fue capacitada por Dios con una especie de radar espiritual que le permite detectar muchas cosas que el hombre no ve, y de esa forma le ayuda a su esposo.

La mujer tiene la sensibilidad y la capacidad para organizar la casa, decorarla y administrar las cosas del hogar. La mujer fue llamada a ayudar y a trabajar juntamente con el hombre, pero no a hacer el trabajo del hombre.

La mujer, por diseño, fue hecha para formar un equipo con su esposo y juntos desarrollar un proyecto de vida que les permita desarrollar una familia y realizarse no individualmente, sino como matrimonio.

SUJETARSE A SU ESPOSO

"Las casadas estén sujetas a sus propios maridos, como al Señor; porque el marido es cabeza de la mujer, así como Cristo es cabeza de la iglesia, la cual es su cuerpo, y él es su Salvador. Así que, como la iglesia está sujeta a Cristo, así también las casadas lo estén a sus maridos en todo".

—EFESIOS 5:22–24

La palabra sumisión se ha tergiversado y ha sido explicada mal. Por tanto, cuando a una mujer se le habla de sumisión, le da terror solamente con oírla. En realidad, la palabra sumisión es una buena palabra porque Cristo se sometió a sí mismo a la voluntad de Dios el Padre.

La sujeción no tiene que ver con igualdad o inferioridad. Somos iguales en esencia, pero diferentes en función. Jesús es igual a Dios y someterse no le hizo inferior.

El hecho de que la mujer se someta al marido no la hace menos, ya que somos iguales ante los ojos de Dios.

Sumisión es aceptar la autoridad con una actitud interna de gozo y deleite; nos lleva a ser enseñables y adaptables. Por ejemplo, algunas veces tú no estás de acuerdo con tu jefe, pero te sometes a su autoridad. No estás de acuerdo con el juez, pero te sometes a su autoridad. Dios llamó al esposo a la posición de autoridad de la familia.

La sujeción debe ser sabia y activa, y tiene que ver con el cumplimiento de un propósito en el hogar.

> "La mujer sabia edifica su casa; mas la necia con sus manos la derriba".
>
> —PROVERBIOS 14:1

La mujer debe entender que el hecho de sujetarse a su esposo no significa ser inferior. El esposo, la esposa, los hijos, todos somos hijos de Dios, pero cuando cumplimos el propósito de Dios en el hogar, la sujeción es absolutamente necesaria para evitar la anarquía o desorden.

El sujetarse al esposo no significa tener que estar de acuerdo con él en todo. Significa reconocer su posición como cabeza para cumplir el programa que Dios le ha dado a la familia. La actitud de la mujer debe ser la de ayudarle activamente a su esposo con su opinión, con los dones y con los talentos que Dios le dio, pero lo debe hacer con sabiduría.

Una esposa activa permanece al lado de su esposo para ayudarlo a ver y reconocer cosas que a los hombres les cuesta ver, pero debe hacerlo de manera que el esposo lo vea como una ayuda y no como una imposición.

¿Qué sucede cuando el esposo no está ejerciendo el liderazgo correcto en la familia? ¿Cómo sujetarse a aquellos esposos que todavía no han llegado a ser cabeza? Solamente se logra por la conducta, no con palabras. La mujer puede ganárselo con el modelaje, viviendo principios de vida correctos, pero sin presionarlo, y orando por él para que modifique su actitud y poco a poco reconozca la forma correcta de hacer las cosas. Cuanto más se trata de cambiarlo con palabras, peor se pone porque se está tratando de ir contra su ego, y eso es algo que ningún hombre normalmente acepta comprometer.

¿Hasta dónde llega la sujeción de una mujer a su esposo? Hay ciertas cosas en las cuales la mujer no se puede sujetar: en todo aquello que sea antibíblico. La sumisión también implica la responsabilidad de la esposa de decirle al marido exactamente lo que piensa en cada aspecto de su vida común, para que no haya ningún malentendido. Con una actitud de amor, debe compartir su punto de vista con su esposo. Su enfoque en líneas generales podría ser algo así: "Querido, este es mi punto de vista y quiero que lo consideres. La decisión final, sin embargo, te corresponde a ti, y yo estaré contenta de seguirte cualquiera que sea tu decisión".

Algunas mujeres aparentan aceptar las decisiones de su esposo, pero lo hacen de mala gana. Esta reacción es peor que una opinión abierta. Si resulta que la esposa tenía razón y el esposo estaba equivocado, debe dejar que Dios se lo haga saber; no ella.

¿Por qué se le hace difícil a la mujer sujetarse?

a. Abuso de autoridad en el pasado—Cuando una mujer ha visto el maltrato de su padre hacia su madre u otro abuso de una figura de autoridad en su vida, se le hace difícil someterse. La

solución es sanar el corazón y renovar la mente
con los principios de vida correctos.

b. Por causa del pecado original—El deseo de la
mujer siempre será de controlar, dominar y manipular al marido. Eso viene desde el Edén, por
causa del pecado de Eva al comer del fruto pro-
hibido. Al sentirse mal por lo que había hecho,
manipuló y presionó a su marido para que también comiera de aquel fruto. Cuando Dios vino
y le preguntó a Adán qué había pasado, él culpó
a su mujer, y desde entonces la mujer desconfía
del hombre.

"Y vio la mujer que el árbol era bueno para comer, y
que era agradable a los ojos, y árbol codiciable para
alcanzar la sabiduría; y tomó de su fruto, y comió;
y dio también a su marido, el cual comió así como
ella…Y Dios le dijo: ¿Quién te enseñó que estabas
desnudo? ¿Has comido del árbol de que yo te mandé
no comieses? Y el hombre respondió: La mujer que
me diste por compañera me dio del árbol, y yo comí".

—GÉNESIS 3:6–12

Esta situación se grabó en la genética de la mujer y la
han heredado hasta el día de hoy. Lo bueno es que las mujeres que reciben el conocimiento y la revelación bíblica,
logran vencer esa oposición genética y avanzar hacia una
relación de armonía con el esposo de acuerdo a la instrucción bíblica.

Cuando la mujer se siente amada por el esposo, se le
hace más fácil sujetarse. Sin embargo, se debe entender
que si su esposo es un hijo de Dios, es suficiente motivo

para sujetarse a él, complacerlo y cumplir con todas sus responsabilidades.

RESPETAR A SU MARIDO

"...y la mujer respete a su marido".

—EFESIOS 5:33

Respetar es darle a una persona el lugar que le pertenece. El respeto va juntamente con la sumisión; la mujer que no puede someterse, tampoco puede respetar a su marido. El tópico de respetar no tiene nada que ver con el éxito de su esposo; es su posición. La manera más común en que las mujeres no respetan a sus maridos es con la lengua. Ganar a su esposo sin palabras significa no fastidiarlo todo el tiempo. Cuando él corrige a sus hijos, la mujer debe apoyar y respaldar su autoridad y su palabra, no llevarle la contraria delante de sus hijos y dejar que él tome la última decisión en todo. Si se equivoca, la actitud de la esposa debe ser de apoyo y nunca de crítica o juicio.

LA MUJER TIENE LA CAPACIDAD PARA REPRODUCIR LA SIMIENTE.

Dios le dio a la mujer una gran responsabilidad y es reproducir la semilla para la procreación y, de esa manera, cumplir con el propósito de Dios de poblar la Tierra. Esta es una de las funciones más maravillosas que Dios le confió a la mujer.

Cumplir sexualmente con su esposo

La Palabra del Señor nos enseña que ninguno de los dos esposos debe negarse sexualmente para con el otro porque le puede dar lugar al enemigo.

> "No os neguéis el uno al otro, a no ser por algún tiempo de mutuo consentimiento, para ocuparos sosegadamente en la oración; y volved a juntaros en uno, para que no os tiente Satanás a causa de vuestra incontinencia".
>
> —1 Corintios 7:5

Eso significa que deben estar dispuestos para atenderse el uno al otro en esa área tan importante. Más adelante hablaremos con más detalle de este tema tan importante.

Capítulo 15

ACERCA DE LA COMUNICACIÓN

EL PROPÓSITO FUNDAMENTAL de la comunicación es transmitir ideas, pensamientos y sentimientos.

La comunicación es transmisión de información. Fuimos creados con la capacidad de hablar; expresar por medio de la voz audible, información que está en nuestra mente. No debemos juzgar a ninguna persona por lo que habla, pues simplemente está expresando lo que hay en su mente. La comunicación requiere mucho respeto mutuo para entenderse mutuamente.

Cuando se irrespetan los sentimientos y emociones de otra persona, se invalida su derecho a pensar y sentir, algo que no puede ser controlado por ningún ser humano sobre otro. Si nos parece que su pensamiento está mal, podemos tratar de ayudarlo proveyéndole fuentes de información que lo saquen de su error. Pero tratar de imponer mi pensamiento sobre el otro sin exponerle argumentos sólidos puede convertirse en un abuso hacia esa persona. Fuimos creados como seres con libre albedrío, con libertad para decidir. Ni siquiera Dios obliga a nadie a vivir de una forma específica. Él nos dejó "principios de vida" para que aprendiéramos a vivir mejor, pero es opción de cada uno si los acepta o no.

Comunicarse es transmitir; no imponer puntos de vista.

Se deben comunicar argumentos sólidos para respaldar los puntos de vista o las posiciones respecto a cualquier tema. Cuando una persona trata de imponer su punto de vista utilizando la presión o la manipulación, provoca un rompimiento de libertad de expresión que probablemente bloqueará la comunicación en la pareja. La comunicación debe tener un solo emisor a la vez y uno o varios receptores. Es imposible comunicar ideas y pensamientos cuando no ponemos atención a la otra persona, o no nos ponen atención a nosotros. Es estrictamente necesario que cuando una persona esté hablando, el otro, o los otros, estén escuchando para entender con claridad lo que quiere expresar. Una vez que se está seguro de lo que la persona está queriendo decir, entonces es nuestro turno para expresar lo que pensamos sobre ese punto específico de conversación. Solamente de esta manera podremos comunicarnos adecuadamente.

Es increíble la cantidad de matrimonios que reclaman tener muy mala o ninguna comunicación. La razón principal es porque no se escuchan. Solamente quieren hablar sin escuchar con paciencia lo que el otro quiere expresar.

Comunicación sentimental

Este es el nivel ideal de comunicación en un matrimonio. Es el nivel en el que abren el corazón y comunican sentimientos de las entrañas. Este es el nivel de la transparencia. La pareja debe llegar al nivel de tener la libertad de expresar los sentimientos más profundos que muchas veces no se comparten con nadie. Esos sentimientos son normalmente muy sensibles a las emociones y no se expresan por temor a exponerse a un comentario censurador o hiriente de la otra persona.

Hay muchas esposas que tienen "el alma herida" porque sus esposos no respetan sus pensamientos ni sus sentimientos. Lo que ocurre en estos casos es que la mujer opta por no abrir más su corazón y vivir con esa circunstancia. Esta actitud la inhibe de disfrutar de su matrimonio y su vida. Algunas se atreven a dar un paso inadecuado para salir de esa situación, pero eso por lo general atrae mayores problemas. Para llegar a este nivel de comunicación, es necesario que ambos tengan una actitud muy madura y respetuosa. Cuando una pareja logra desarrollar un buen nivel de comunicación sentimental con esa libertad de expresarse, llegan a disfrutar mucho de su relación y seguramente su matrimonio será muy exitoso.

¿Sientes que tu cónyuge te escucha y te entiende? ¿Sientes temor de expresar tus sentimientos? ¿Comprendes a tu cónyuge cuando él o ella te expresan sus sentimientos? ¿En cuál nivel de comunicación piensas que está tu matrimonio? ¿Por qué? Coméntalo con tu cónyuge.

Nuestra boca puede ser instrumento de vida y bendición para las personas a nuestro alrededor y para nosotros mismos. Pero también puede convertirse en un cañón cargado de veneno, maldad y muerte, capaz de causar profundas heridas y mucho daño a otras personas. Y no solo causará heridas y daños graves a otras personas, sino te dañará a ti mismo y llenará de amargura tu propio corazón, ya que no fuimos diseñados para ser ofensivos contra otras personas.

¿CÓMO MEJORAMOS NUESTRA COMUNICACIÓN?

Para mejorar nuestra comunicación debemos:

Saber escuchar

Escucha con paciencia, luego piensa y luego habla (paráfrasis de Santiago 1:19). Fuimos creados con dos oídos y una sola boca. ¿Qué crees tú que significa eso?

Escuchar es la clave más importante de la buena comunicación. Significa prestar atención. Es increíble el impulso de las personas por contestar antes de escuchar bien. Eso es, además, irrespeto. Escuchar es poner la suficiente atención para asegurarte de que entiendes lo que la otra persona te quiere comunicar.

Se requiere madurez y una actitud correcta para escuchar a la otra persona con atención, sin interrumpirla y tratando de entender su punto de vista sobre el tema en cuestión. Muchos conflictos empiezan por malos entendidos, o sea, porque no se escuchó bien. Nos podemos librar de muchísimos problemas en la vida si tan solo escucháramos con un poco más de atención. Con más razón debemos escuchar a nuestro cónyuge, que es nuestra otra mitad en la vida.

Respetar el pensamiento y el criterio del cónyuge

"Nada hagáis por contienda o por vanagloria; antes bien con humildad, estimando cada uno a los demás como superiores a él mismo; no mirando cada uno por lo suyo propio, sino cada cual también por lo de los otros. Haya, pues, en vosotros este sentir que hubo también en Cristo Jesús".

—FILIPENSES 2:3–5

Cuando no consideramos las opiniones del otro tan valiosas como las nuestras, cerramos las puertas de una buena comunicación.

Responder amablemente

"La blanda respuesta quita la ira; mas la palabra áspera hace subir el furor".

—Proverbios 15:1

En este mundo agitado y estresante, es muy probable que nos molestemos por muchas razones. ¡Pero qué importante es que "nuestro cónyuge" tenga una actitud correcta y pueda transmitir una respuesta amable que nos ayude a calmarnos y volver a una comunicación libre y transparente!

Hablar con absoluta sinceridad, abriendo el corazón

"Por lo cual, desechando la mentira, hablad verdad cada uno con su prójimo; porque somos miembros los unos de los otros".

—Efesios 4:25

La verdad se debe hablar siempre, abriendo el corazón, sin culpar, ni juzgar, ni lastimar al otro. Por ejemplo, podemos empezar con una expresión como esta: "Mi amor, quiero decirte que me sentí ofendido por lo que dijiste o hiciste". Se trata de expresar el sentimiento, pero sin culpar al otro. De esta forma se le da al ofensor la oportunidad de disculparse, pedir perdón y resolver la situación.

Cuidado con el poder de la lengua

Todos los seres humanos ofendemos muchas veces con las palabras.

"...La muerte y la vida están en poder de la lengua...".

—Proverbios 18:21

Las palabras hieren según como son dichas. Tenemos que ser conscientes que muchas veces no logramos controlar nuestras emociones, por lo cual herimos y lastimamos a nuestros seres queridos con palabras fuertes. Esto nos obliga a esforzarnos para controlar nuestra mente y evitar a toda costa hablar cuando estamos molestos o enojados. Cuando nos sentimos así, lo mejor es dejar pasar un poco de tiempo y después hablar. Nunca insistas en entablar una conversación cuando uno de los dos está molesto. Esperen un tiempo razonable y luego hablen.

Principales razones de una mala comunicación:

• Inconsciencia de las diferencias entre el hombre y la mujer, lo cual crea falsas expectativas y malos entendidos, ya que esperamos que nuestra pareja haga las cosas como las haríamos nosotros.

• Diferencias culturales o intelectuales—Muchas veces si no se comprende bien lo que el otro quiere decir, se puede malinterpretar la comunicación. La solución es escuchar con atención y preguntar para asegurarse de la información que se está recibiendo.

• Falta de interés o indiferencia—Esto ocurre cuando uno de los dos no está interesado en la relación, lo cual frecuentemente es consecuencia de una decepción muy grande o de "otra persona en el medio". Entonces ya no hay mucho interés en comunicarse.

- Aislamiento, exceso de trabajo—A veces las parejas trabajan excesivamente y no tienen tiempo para compartir. Sus horarios se cruzan y verdaderamente no tienen tiempo para conversar. Este es un grave error que debe evitarse. Es preferible un menor ingreso y buena comunicación, que más comodidad material y una relación marital insulsa y sin sentido.

- Dureza de corazón; terquedad—Hay personas muy cerradas que piensan que nunca se equivocan y cierran su posición. Es necesario aprender a ceder por el bien del matrimonio. Una actitud más humilde en este sentido genera una mejor comunicación y permite disfrutar mucho más de la relación.

Beneficios de una buena comunicación

Paz y buena vida

"Porque: El que quiere amar la vida y ver días buenos, refrene su lengua de mal, y sus labios no hablen engaño".

—1 Pedro 3:10

Una buena comunicación nos da paz, como consecuencia de la libertad que sentimos de expresarnos y ser comprendidos.

Cuerpo sano

"Panal de miel son los dichos suaves; Suavidad al
alma y medicina para los huesos".

—PROVERBIOS 16:24

Este proverbio nos enseña que las palabras amables
producen un cuerpo más sano. Podemos entenderlo
desde la perspectiva de que una persona que hable y escuche siempre palabras amables va a experimentar sensaciones de paz que afectan positivamente todo su balance
orgánico, lo cual se traduce en medicina preventiva para
el cuerpo.

Nos libra de angustias y problemas.

"El que guarda su boca y su lengua, su alma guarda
de angustias".

—PROVERBIOS 21:23

Este es otro sabio proverbio. ¿En cuántos problemas
nos hemos metido por hablar incorrectamente? Probablemente en muchos. Tenemos que aprender a cuidar lo
que hablamos, de manera que siempre sea en positivo, en
verdad y con justicia. Por esto se recomienda no hablar
nada cuando estamos enojados.

Recibimos bendiciones de Dios

"Otra vez os digo que si dos de vosotros se pusieren
de acuerdo en la tierra acerca de cualquier cosa que
pidieren, les será hecho por mi Padre que está en los
cielos".

—MATEO 18:19

Analicen estos aspectos en su matrimonio. ¿Cómo están comunicándose el uno al otro?

Recuerden que la comunicación debe ser una transmisión de ideas, pensamientos y sentimientos; no un ataque verbal contra la persona con quien se habla.

DESARROLLAR HÁBITOS DE
BUENA COMUNICACIÓN

Para desarrollar hábitos sanos de comunicación, debemos, primero que todo, crecer espiritualmente porque es la fuente de donde se alimenta nuestra mente para poder cambiar los hábitos de nuestra vida. Es la única forma de vencer las debilidades humanas, ya que por medio de la lectura del manual de vida y poniendo en práctica los principios que nos enseña, podremos lograr ser más comprensivos y tener una actitud más paciente, sincera y libre.

Compren buenos libros de diferentes temas con fundamento espiritual y léanlos juntos, de manera que aprendan y compartan. Este hábito les ayudará a mejorar considerablemente su comunicación.

Para terminar, piensa qué puedes hacer para mejorar la comunicación con tu cónyuge y tus hijos. Escribe lo que pienses y luego toma decisiones.

Capítulo 16

CÓMO MANEJAR LOS CONFLICTOS

Partimos de una realidad: en la vida cotidiana, siempre habrá razones para contender, especialmente en los matrimonios, porque al convivir se dan muchas circunstancias que dividen las opiniones y se presenta la oportunidad de contienda. Algunos temas de contienda son: cómo educar a los hijos, cómo manejar las finanzas, cómo manejar los horarios, cómo conducir, a dónde ir, cómo vestirse, qué comer, y muchas otras decisiones que se toman en el diario vivir.

Los conflictos se originan por las diferencias entre los cónyuges, la influencia del egoísmo y el orgullo, la ignorancia del pacto matrimonial, heridas del pasado y, especialmente, por la debilidad espiritual.

No se ponen de acuerdo en decisiones como:

- Qué comprar, dónde ir, qué comer
- Cómo administrar el dinero
- Quién trabaja más
- Cómo manejar el tiempo, los horarios y los compromisos
- Cómo comunicarse
- Cómo educar a los hijos

Piensa en algunas causas más comunes por las que discutes con tu pareja. Escríbelas y medita en ellas. Si los desacuerdos o conflictos no se resuelven adecuadamente, van a producir ofensas mutuas. Las ofensas producen heridas en el alma de las personas. Las heridas no sanadas producen enojo y enojo crónico. Entonces para protegerse el corazón, los cónyuges se endurecen y no perdonan. Finalmente, se convierten en adversarios.

La mayoría de las veces, las discusiones comienzan por causas que no valen la pena, pero si no se controla la situación, la contienda se agrava y vienen los problemas serios.

"Ciertamente la soberbia concebirá contienda; Mas con los avisados está la sabiduría".

—PROVERBIOS 13:10

"Entre los cuales también todos nosotros vivimos en otro tiempo en los deseos de nuestra carne, haciendo la voluntad de la carne y de los pensamientos, y éramos por naturaleza hijos de ira, lo mismo que los demás".

—EFESIOS 2:3

La causa principal de las contiendas es obra de nuestra naturaleza humana, soberbia, egoísta y orgullosa. Es un asunto de actitud interna de nuestro corazón. Creemos que nadie tiene por qué "pasarnos por encima", y menos si "tenemos la razón".

Entramos en este monólogo interior: ¿Por qué yo soy el que tengo que bajar la guardia siempre? ¿Por qué yo tengo que aceptar que me humillen? ¡No tengo por qué ceder!

La verdad es que el tener o no la razón, no justifica el lastimar a otra persona, mucho menos aun si se trata de tu esposa, la persona a la que prometiste que protegerías y amarías para siempre; o tu esposo, la persona a quien prometiste respetar y amar para siempre.

Nunca culpes a tu pareja por ninguna razón. El buscar culpables o echarle la culpa a alguien nunca ha resuelto ningún problema en las familias. En vez de culpar, trata de comprender primero y luego expresa tu sentimiento sin ofender.

La solución para manejar las contiendas es una actitud de humildad. Una actitud no es una acción aislada. Es el reflejo de un carácter que se puede formar con disciplina y constancia, empezando por decidirlo y siguiendo con la práctica hasta convertirlo en un hábito. No nos veamos como los más importantes, sino apreciemos a la otra persona tanto o más que a nosotros mismos.

Esto no tiene nada que ver con la autoridad y el gobierno que le corresponde al hombre como cabeza de hogar, sino con la actitud que ejerce esa función. El modelo perfecto es el mismo Jesucristo que demostró que no es necesaria la altivez ni la soberbia para ejercer el principio de autoridad y gobierno.

Tampoco se trata de dejar los asuntos sin resolver, sino de hacer frente con diligencia a las situaciones para resolverlas. Pero debemos tener muy claro que las soluciones nunca deben lastimar o causar angustia a otras personas y menos a nuestro cónyuge. Tenemos que confiar en Dios. Si no podemos resolver una situación sin evitar ofender a otra persona, es preferible no solucionar el asunto y orar confiando en una solución sobrenatural de Dios, por nuestra obediencia a Él.

Los varones deben entender que ejercer la autoridad y el gobierno en el hogar no es una licencia para lastimar o atropellar a su esposa ni a los hijos, sino una responsabilidad ante Dios de dirigir a nuestra familia con amor, comprensión y el ejemplo.

La herramienta
de la confrontación

Esta es una herramienta de comunicación muy útil para resolver conflictos con nuestro cónyuge. Es abrir el corazón cuando traemos a la luz una determinada situación, para que Dios tome el control. Es la acción de ganarnos al cónyuge, restableciendo la relación.

Esta responsabilidad es del ofendido, ya que este se encuentra consciente de la situación y resiente lo que pasó. El ofensor puede que ignore que ha ofendido y no tiene la conciencia para traer la situación y resolverla.

Se trata de no tomar en cuenta las ofensas, poniendo los principios espirituales y la justicia de Dios por encima de las emociones y la justicia humana.

Jesús nos enseñó que debemos perdonar sin límites, hasta setenta veces siete, esto es, cuantas veces sea necesario. El Señor espera que tratemos a los demás igual a como Él nos trata a nosotros.

La vida de los hijos de Dios con respecto a otros se basa en principios espirituales y no en la justicia humana. Esto quiere decir que es más sabio seguir las instrucciones de Dios para manejar nuestras relaciones con otros, en vez de usar nuestra propia justicia humana imperfecta.

Guarda y honra a tu cónyuge

Es importante que cuando veamos que nuestro cónyuge está fallando en algo, lo confrontemos en vez de juzgarlo y hablar mal de él o ella con otras personas. Esto último es chismear o murmurar y es muy dañino, peor aún si se trata de tu cónyuge, a quien debes guardar y proteger.

¿CÓMO SE DEBE CONFRONTAR?

Al confrontar a tu cónyuge, lo más importante es anteponer el amor. Recuerda que la Biblia nos enseña que:

"Amaos los unos a los otros con amor fraternal; en cuanto a honra, prefiriéndoos los unos a los otros".

—ROMANOS 12:10

"Amarás a tu prójimo como a ti mismo".

—ROMANOS 13:9

Abre tu corazón y exprésale a tu cónyuge lo que sientes y por qué lo sientes. No lo acuses ni lo culpes. Simplemente abre tu corazón para exponer lo que sientes y lo que te parece que está mal.

¿Dónde confrontar?

Es muy importante escoger un lugar apropiado para realizar la confrontación. Debe ser un sitio donde puedan estar a solas y sin interrupciones, y donde la persona que va a ser confrontada no se sienta amenazada.

¿Cuándo confrontar?

Momento tropical. Se debe escoger el momento en que los sentimientos y las emociones no vayan a entorpecer el proceso de confrontación, sin llegar al extremo de esperar tanto tiempo que se enfríe el asunto y se deje sin resolver. Recuerda que el primero que debe enterarse de la falta es el ofensor y no otros.

La tendencia a justificarse

Algunas veces la primera reacción natural que aparece cuando confrontamos a alguien que nos ha ofendido es la justificación, ya que toda persona tiene el instinto natural de defenderse. El ofendido debe entender esto para no juzgar al ofensor.

El método de combatir esta actitud es asegurando a la persona en amor, antes de confrontarla. De esta manera contrarrestamos los sentimientos de temor y rechazo que hay en el ser humano. En caso de ser tú el ofensor, debes escuchar la queja, humillarte, y luego dar la explicación correspondiente, si es que la hay.

Va a llegar un momento en la confrontación en que el ofensor va a ir reconociendo su falta, lo cual lo va a llevar hacia una etapa de perdón y reconciliación, que es el momento más glorioso de la confrontación. Una vez aclarado el tema y resuelto el conflicto, no hablen más del tema. Olvídenlo.

Capítulo 17

CÓMO MANEJAR LAS FINANZAS FAMILIARES

LA BIBLIA ENSEÑA que el verdadero problema en esta vida es el amor al dinero.

> "Porque raíz de todos los males, es el amor al dinero...".
> —1 TIMOTEO 6:10

El sistema del mundo en que vivimos ha convencido a mucha gente que valemos de acuerdo a las propiedades, las riquezas, el estilo de vida y los títulos que tengamos. Por esa razón, la mayoría de la gente dedica casi todo su tiempo a estudiar una carrera y a la producción de dinero para obtener cosas materiales, posiciones de mando, lujos y placeres de este mundo.

No hay nada de malo en alcanzar metas, estudiar, trabajar fuerte y procurar un buen nivel de vida. Al contrario, eso está muy bien. Lo que sí es realmente dañino para nuestra vida es que esas metas sean lo más importante para nosotros y estén por encima de valores espirituales, morales y familiares.

Debemos esforzarnos y trabajar para alcanzar un mejor nivel de vida, siempre y cuando lo hagamos en el orden correcto de prioridades y no se lesionen los derechos de la familia y de otras personas. Primero están nuestro crecimiento espiritual y la atención a la familia.

Cuando una persona se propone tener cosas materiales para satisfacer su ego o demostrarles a otros lo que puede lograr, entonces se convierte en una actitud negativa para su vida. Es una de las formas de esclavitud más dolorosa y común en nuestra sociedad actual, que produce deudas, carencias y muchos dolores.

HAY SIETE GRANDES ERRORES COMUNES EN EL USO DEL DINERO:

Meterse en deudas innecesarias

Hay una gran tendencia en la humanidad a meterse en deudas para obtener bienes materiales. Se deben evitar al máximo las deudas, especialmente para adquirir cosas que no son indispensables para el bienestar de la familia. Ese hábito produce esclavitud económica. Las tarjetas de crédito son un grave riesgo si no se saben manejar sabiamente. Es como "disfrute ahora y sufra después". Esa actitud irresponsable produce consecuencias como aflicción, desánimo, división y conflictos.

Hay deudas que son inevitables como la de la casa, el carro y necesidades fundamentales, pero la idea es evitar toda deuda que no sea para cubrir una necesidad real.

Uso irresponsable de los recursos

Cuando no se maneja un presupuesto, es muy alta la probabilidad de ceder al impulso de comprar. No cedas a las "ofertas" si lo que te ofrecen no está presupuestado. La emoción de las compras puede traerte muchos problemas si no aprendes a controlarla. El uso responsable de los recursos financieros trae paz y más riqueza. Nunca comprometas lo que todavía no has recibido porque no puedes estar seguro de que lo recibirás.

Avaricia

"Y les dijo: Mirad, y guardaos de toda avaricia; porque la vida del hombre no consiste en la abundancia de los bienes que posee".

—LUCAS 12:15

Las personas avaras son aquellas que quieren tener muchas cosas materiales. Por lo general, son personas que dan muy poco o nada. Lo más triste es que desperdician su vida tratando de alcanzar cosas materiales y nunca logran ser verdaderamente felices.

Tratar de enriquecerse rápidamente

"Porque los que quieren enriquecerse caen en tentación y lazo y en muchas codicias necias y dañosas, que hunden a los hombres en destrucción y perdición".

—1 TIMOTEO 6:9

¿Has escuchado la frase "la gran y única oportunidad"? El crecimiento sano en las finanzas siempre debe ser un proceso paulatino. Por eso jugar lotería no es aconsejable. Por lo general, las personas que la ganan no están capacitadas para manejar riquezas súbitamente. La bendición financiera sana se logra poco a poco, con esfuerzo y disciplina.

El engaño o la deshonestidad

"Vuestras riquezas están podridas y vuestras ropas están comidas de polilla. Vuestro dinero está enmohecido y su moho testificará contra vosotros...".

—SANTIAGO 5:2, 3

Todas las personas que obtienen ganancias con engaño o en forma deshonesta perderán el dinero obtenido de la misma forma, y su conciencia testificará contra ellos mismos. El engaño o la deshonestidad nunca han producido finanzas sanas y menos permanentes.

Una vida orientada por el negocio o por el trabajo

El trabajo es muy importante, pues es el medio por el cual obtenemos el dinero para cubrir nuestras necesidades. El esfuerzo entusiasta es bueno y necesario, siempre y cuando no se descuiden las prioridades que son:

1. Nuestra relación con Dios

2. La familia

Es mejor tener menos bienes materiales, pero disfrutar de una vida agradable con el cónyuge y los hijos.

El establecer negocios en yugo desigual

"No os unáis en yugo desigual con los incrédulos; porque ¿qué compañerismo tiene la justicia con la injusticia? ¿Y qué comunión la luz con las tinieblas?".

—2 CORINTIOS 6:14

Es muy peligroso hacer negocios con personas que no tienen valores de integridad y aman más el dinero que las relaciones. Tarde o temprano hacer negocios con estas personas nos puede traer serios problemas. Lo mejor es evitar hacer negocios con personas que piensan diferente a ti en cuanto a valores espirituales y morales.

¿Cómo logramos la verdadera libertad financiera?

Es un proceso. La libertad financiera no se obtiene rápidamente. Es un proceso que toma algún tiempo según la esclavitud existente a los malos hábitos. Para lograr la libertad financiera se deben cambiar esos malos hábitos y sustituirlos por hábitos sanos de manejo financiero. Este proceso puede llevar meses o años. Pero lo más importante es que empecemos a hacerlo hoy mismo. Si practicamos los hábitos correctos, algún día obtendremos la libertad financiera que necesitamos para vivir con paz.

Reconocer que Dios es el dueño de todo

> "De Jehová es la tierra y su plenitud;
> El mundo, y los que en él habitan".
> —Salmo 24:1

Posesión no es igual a propiedad. Tú puedes poseer algo, pero no eres el propietario. Somos administradores y responsables de los recursos que nos da Dios.

Cuando reconocemos que Dios es el verdadero dueño de todo, logramos entender que dependemos de Él y eso genera paz a nuestra vida. Dios es el que nos da la capacidad de adquirir bienes para que los administremos con un propósito que Él mismo nos define. Recordemos la parábola de los talentos. Al que se le da más, igualmente se le exigirá. Al que no es fiel con la administración de lo que se le ha dado, aunque fuera poco, se le quitará. ¡Pero al que es fiel, se le dará aún más!

Debemos ser obedientes a las instrucciones de Dios trabajando duro, luchando y perseverando para que su voluntad se cumpla en nuestra vida. Su voluntad no es la miseria o la esclavitud financiera. Su voluntad es que disfrutemos de la vida compartiendo con los que nos instruyen espiritualmente y con la familia de Dios, relacionándonos y viviendo en armonía con ellos. Por esa razón, Él nos manda a ser obedientes con nuestros diezmos y ofrendas. Eso nos libera del amor al dinero y nos permite confiar más en la provisión sobrenatural de Dios, lo cual fortalece nuestra fe y nos permite experimentar de una manera más fuerte nuestra relación con Él.

Involucrar a Dios en nuestras finanzas

"Honra a Jehová con tus bienes, y con las primicias de todos tus frutos; Y serán llenos tus graneros con abundancia, y tus lagares rebosarán de mosto".
—Proverbios 3:9, 10

Todos necesitamos crecer espiritualmente. Para eso es necesario que haya ministros de Dios que nos instruyan y enseñen. Dios nos manda en su Palabra a que demos el 10% de nuestros ingresos a la iglesia donde recibimos alimento espiritual. El libro de Proverbios 3 dice que el diezmo y las ofrendas son lo primero que debemos apartar para Dios, tan pronto recibimos el dinero que es fruto de nuestro trabajo.

En compensación, Dios nos hace una hermosa promesa:

"Traed todos los diezmos al alfolí y haya alimento en mi casa; y probadme ahora en esto, dice Jehová de los ejércitos, si no os abriré las ventanas de los cielos, y derramaré sobre vosotros bendición hasta que sobreabunde".

—MALAQUÍAS 3:10

Esta bendición incluye salud, paz, gozo y, oportunamente, prosperidad material.

Mateo 6:33 nos dice:

"Mas buscad primeramente el reino de Dios y su justicia, y todas estas cosas os serán añadidas".

Aprendamos a buscar a Dios como pareja primero y seamos leales a Él; entonces todo lo que necesitemos nos será añadido.

No poner las expectativas de felicidad en las cosas materiales

Cuando buscamos la felicidad verdadera por medio de la obtención de cosas materiales, lujos y placeres del mundo, nos damos cuenta de que solo obtenemos momentos de diversión y alegría. Eso no está mal. El problema es cuando depositamos en esas cosas nuestras expectativas de la verdadera felicidad.

La felicidad verdadera está en las relaciones con nuestra esposa, nuestros hijos, nuestra familia, amigos y otros. Por eso, de lo que más enseñó Jesucristo en su evangelio fue de cómo manejar las relaciones humanas. Las cosas materiales nos llenan temporalmente. Las buenas relaciones duran toda la vida y generan un estado de agrado, gozo y paz. No hemos oído nunca que una persona en sus momentos finales diga: "¡Cuánto me hubiera gustado trabajar más y hacer más dinero!". Pero sí escuchamos con mucha frecuencia comentarios como: "¡Cuánto hubiera deseado pasar más tiempo con mi esposa y mis hijos y disfrutar más de la vida!".

Vivimos en una sociedad de consumo, de comprar y vender, de tener nuevas necesidades, auto, ropa y casa. Los adolescentes siempre quieren las últimas modas o marcas, juguetes de moda, y esto no está bien porque los vuelve materialistas.

> "Mejor es un bocado seco, y en paz, que casa de contiendas llena de provisiones".
>
> —Proverbios 17:1

Aprendamos a vivir dentro de nuestras posibilidades.

Organizar un presupuesto y ser disciplinados

> "Porque ¿quién de vosotros, queriendo edificar una torre, no se sienta primero y calcula los gastos, a ver si tiene lo que necesita para acabarla? No sea que después que haya puesto el cimiento, y no pueda acabarla, todos los que lo vean comiencen a hacer burla de él".
>
> —Lucas 14:28–29

• Personaliza un plan financiero para tu familia.

• Establece el plan y hazlo con tu cónyuge.

• Distribuye el dinero de acuerdo a prioridades.

• Pide asesoría a un consejero en finanzas.

El presupuesto se puede cambiar, mover o modificar, si no, se convierte en un problema. El presupuesto tiene que traer paz.

No nos afanemos por el día de mañana, pero sí planeemos para el día de mañana. Son dos cosas diferentes.

"Sé diligente en conocer el estado de tus ovejas y mira con cuidado por tus rebaños; porque las riquezas no duran para siempre...".

—PROVERBIOS 27:23–24

Algunas personas manejan el dinero por medio de sobres. Cada vez que reciben los ingresos, dividen su dinero en sobres, de acuerdo al presupuesto. Esto ayuda a facilitar el control de las finanzas.

Ser generosos; compartir con los necesitados y con quienes tengamos la oportunidad hacerlo

"Y respondiendo, les dijo: El que tiene dos túnicas, dé al que no tiene; y el que tiene qué comer, haga lo mismo".

—LUCAS 3:11

"Así que, según tengamos oportunidad, hagamos bien a todos, y mayormente a los de la familia de la fe".

—GÁLATAS 6:10

Dios nos manda a compartir con los que no tienen o necesitan. Es impresionante darnos cuenta del egoísmo y la indiferencia tan grande que hay hoy día entre algunas personas que tienen mucho dinero. Pero existe una máxima universal y bíblica que dice:

"...*todo lo que el hombre sembrare, eso también segará*".

—GÁLATAS 6:7

Dar apoyo y ayudar a suplir las necesidades de nuestros hermanos a nuestro alrededor significa sembrar en el Reino de los cielos, y en algún momento recibiremos la retribución.

¿QUIÉN DEBE MANEJAR LAS FINANZAS EN LA FAMILIA?

Primero que todo, debemos entender que en un matrimonio las finanzas son patrimonio y responsabilidad de los dos, independientemente de quién o cómo se produzcan los ingresos. La Biblia enseña con mucha claridad quién es responsable delante de Dios por la administración y gobierno del hogar, y eso incluye las finanzas. Eso no quiere decir que la mujer no tiene injerencia en este tema. Al contrario, la mujer tiene mucho que aportar al respecto. Muchas veces las mujeres tienen la capacidad de presentir el peligro en inversiones y negociaciones, gracias a ese excelente radar con que Dios las equipó. Por esa razón son la mejor ayuda para los esposos.

Lo que se recomienda es que juntos elaboren un presupuesto y lo maneje el que tenga más habilidad en la administración, en constante comunicación con su cónyuge. Al final, el hombre tiene mayor responsabilidad, por cuanto él es el llamado a administrar y gobernar el hogar.

La pareja debe tener una sola cuenta de banco. Las cuentas separadas tienden a separar emocionalmente a las parejas y eso genera problemas de inestabilidad. Cuando en un matrimonio se tienen cuentas separadas, ya de por sí están admitiendo la posibilidad de separación y eso atenta contra la estabilidad emocional de la relación. No es sano que un matrimonio tenga cuentas separadas. La única excepción sería cuando uno de los cónyuges pierde la cordura y desperdicia el dinero de la familia. Mientras se resuelve el asunto, y en términos temporales, el otro cónyuge puede separar la cuenta bancaria para evitar que dañe fuertemente la economía familiar.

Vive de acuerdo a tus posibilidades financieras

- No tengas más gastos que los ingresos que recibes.

- No uses las tarjetas de crédito para cubrir los gastos del diario vivir.

- Usa la autodisciplina en el control de los gastos.

- Revisa las prioridades de necesidad, deseo y anhelo.

Necesidad es lo indispensable para llenar las necesidades básicas (alimento, ropa, casa, seguro médico y otras).

"Así que, teniendo sustento y abrigo, estemos contentos con esto".

—1 Timoteo 6:8

Deseo envuelve escoger calidad, marcas conocidas y lujos, por ejemplo, un automóvil nuevo en vez de uno usado o ropa para pasear en lugar de ropa de trabajo

"Vuestro atavío no sea el externo de peinados ostentosos, de adornos de oro o de vestidos lujosos, sino el interno, el del corazón, en el incorruptible ornato de un espíritu afable y apacible, que es de grande estima delante de Dios".

—1 Pedro 3:3–4

Anhelos son decisiones de compras o gastos que, de acuerdo al plan de Dios. Pueden hacerse solo cuando sobran los fondos y después que todos los demás compromisos u obligaciones han sido cubiertos.

"No améis al mundo, ni las cosas que están en el mundo. Si alguno ama al mundo, el amor del Padre no está en él. Porque todo lo que hay en el mundo, los deseos de la carne, los deseos de los ojos, y la vanagloria de la vida, no proviene del Padre, sino del mundo".

—1 Juan 2:15–16

Planificar la economía del hogar tiene beneficios

Nos libera de presiones económicas, nos evita deudas innecesarias y gastos impulsivos. Se evitan grandes conflictos y discusiones con la pareja e hijos.

"No os hagáis tesoros en la tierra, donde la polilla y el orín corrompen, y donde ladrones minan y hurtan; sino haceos tesoros en el cielo, donde ni la polilla ni el orín corrompen, y donde ladrones no minan ni hurtan. Porque donde esté vuestro tesoro, allí estará también vuestro corazón".

—Mateo 6:19–21

Conclusión

Los principios de Dios acerca del dinero son instrucciones para mantenernos en el camino correcto y librarnos de las trampas del mundo. Las consecuencias de la desobediencia o la ignorancia de los principios financieros de Dios tarde o temprano llegarán.

¿Cómo has manejado las finanzas en tu vida? ¿Qué ajustes tienes que hacer? Habla de este tema con tu cónyuge y tomen decisiones importantes.

Hagan un presupuesto familiar y propónganse cumplirlo disciplinadamente. Si necesitan ayuda, búsquenla hoy mismo y organicen esta parte tan importante de la vida familiar. El buen manejo del presupuesto familiar es la base de la prosperidad.

Capítulo 18

DISFRUTAR NUESTRA INTIMIDAD

Hablar de este tema no es muy común en los matrimonios hoy en día, pero es un tema que se debe hablar claramente. La mayoría de los matrimonios piensan mucho en ello, pero no lo expresan por temor o por vergüenza.

¿Sinceramente, qué tan importante es la relación íntima para ti? ¿Y por qué? Piensa por unos momentos en esta pregunta y contéstatela a ti mismo.

De acuerdo a encuestas y análisis hechos además de la experiencia en la consejería bíblica, nos hemos encontrado que la intimidad sexual es normalmente más importante para los hombres que para las mujeres. Es más común que ellas pierdan el apetito sexual más temprano que ellos. No conocemos razones científicas específicas que expliquen esta situación. Sin embargo, existen muchas circunstancias que pueden afectar la relación matrimonial en esta área tan importante.

Trataremos de analizar y explicar varios aspectos de la intimidad sexual, que esperamos les ayuden a mejorar su vida íntima matrimonial. La primera pregunta sería:

¿QUIÉN DISEÑÓ LA INTIMIDAD SEXUAL Y PARA QUÉ?

Para entender mejor la razón y el propósito de cualquier cosa en la vida, lo más lógico y sensato es que vayamos directamente con el fabricante. La intimidad sexual fue diseñada con razón y propósito, y quién más que el Diseñador y Creador de la raza humana para explicarnos al respecto.

"Y dijo Jehová Dios: No es bueno que el hombre esté solo; le haré ayuda idónea para él".

—GÉNESIS 2:18

"Por tanto, dejará el hombre a su padre y a su madre, y se unirá a su mujer, y serán una sola carne. Y estaban ambos desnudos, Adán y su mujer, y no se avergonzaban".

—GÉNESIS 2:24–25

"Sea bendito tu manantial, y alégrate con la mujer de tu juventud, como cierva amada y graciosa gacela. Sus caricias te satisfagan en todo tiempo, y en su amor recréate siempre".

—PROVERBIOS 5:18–19

"Conoció Adán a su mujer Eva, la cual concibió y dio a luz a Caín, y dijo: Por voluntad de Jehová he adquirido varón".

—GÉNESIS 4:1

"Los bendijo Dios, y les dijo: Fructificad y multiplicaos; llenad la tierra, y sojuzgadla, y señoread en los peces del mar, en las aves de los cielos, y en todas las bestias que se mueven sobre la tierra".

—GÉNESIS 1:28

Es evidente que la intimidad sexual fue idea de Dios para que la pareja disfrute mutuamente el uno del otro, se gocen el uno al otro y, además, como medio para multiplicar la raza humana. Es nuestra responsabilidad manejar la intimidad sexual de acuerdo a las instrucciones dadas por el autor y diseñador del acto sexual, y lo primero que debemos entender es que Dios diseñó la intimidad sexual exclusivamente para el matrimonio. La fornicación y el adulterio son experiencias que generan graves consecuencias.

La intimidad sexual es un regalo de Dios para el matrimonio

La relación sexual debe ser un acto de entrega sublime que involucra el espíritu, el alma y el cuerpo, por lo cual debe contener todos los componentes espirituales, emocionales y sensuales para que sea realmente placentera al máximo nivel. Esto solo es posible dentro del matrimonio porque solo dentro del matrimonio podemos tener una relación espiritual correcta.

La intimidad sexual es compartir sentimientos y emociones dentro de la libertad del amor de una pareja que se ama y están interesados mutuamente en el bienestar y la felicidad del otro.

La relación sexual es más que un acto físico. La relación sexual satisfactoria es el reflejo de una buena relación en los demás aspectos. Es la culminación de todo lo bueno en un matrimonio.

La intimidad sexual, al igual que el amor en el matrimonio, fue establecida para que fuera en función del bienestar y el goce del otro y no del propio. Cuando los dos entienden esto, el disfrute del sexo se vuelve mucho más agradable. Cuando trabajamos en primer lugar, en otros aspectos de nuestra forma de relacionarnos, nuestra vida sexual mejorará considerablemente. Ejemplos son: comunicación amable, palabras de afirmación, gestos de atención y servicio, comprensión, tolerancia, interés genuino en los deseos y necesidades del otro.

NIVELES DE INTIMIDAD CONYUGAL

Intimidad espiritual

La relación espiritual debe ser el primer y más alto nivel de intimidad. Los esposos se conocen mejor mientras los dos se vuelven con sinceridad a Dios. Pueden aumentar su intimidad espiritual mientras oran juntos, adoran juntos a Dios o sencillamente analizan enseñanzas y conceptos espirituales. La buena intimidad espiritual prepara el ambiente para una buena intimidad afectiva.

Intimidad afectiva o emocional

Tiene que ver con las relaciones personales del diario vivir. En la medida que le demostremos a nuestra pareja un genuino interés en él o ella, mayor será la probabilidad de lograr una unidad emocional ideal.

El Dr. Kevin Leman comenta en su libro *Música entre las sábanas*[1], que expresarse mutuamente los sentimientos es muy importante, especialmente para las mujeres, debido a que ellas son a menudo más atraídas a la relación sexual cuando toda la relación es franca y amorosa, y cuando siente que su esposo la escucha, la atiende y le da su lugar de "Reina" de la casa.

El hecho de que cada uno cumpla con sus

responsabilidades en el hogar genera un ambiente adecuado de paz y armonía, necesario para fortalecer las relaciones emocionales. Si alguno de los dos no cumple bien con sus responsabilidades hace que el otro se sienta mal y se dificulta la intimidad emocional.

La comunicación verbal sincera y amable es esencial para una vida sexual saludable. Implica compartir con su cónyuge conversando y pasando tiempos juntos. Eso es muy importante para casi todas las mujeres que se asombran de que los hombres puedan tener relaciones sexuales en casi cualquier momento, sin hacer caso de la calidad de la relación. Por lo general las mujeres quieren relacionarse con su cónyuge mediante la intimidad verbal y emocional antes de disfrutar del acto físico.

Intimidad física

"El marido cumpla con la mujer el deber conyugal, y asimismo la mujer con el marido. La mujer no tiene potestad sobre su propio cuerpo, sino el marido; ni tampoco tiene el marido potestad sobre su propio cuerpo, sino la mujer. No os neguéis el uno al otro, a no ser por algún tiempo de mutuo consentimiento, para ocuparos sosegadamente en la oración; y volved a juntaros en uno, para que no os tiente Satanás a causa de vuestra incontinencia".

—1 Corintios 7:3–5

Lo que Dios establece es una norma para que la pareja entienda que su misión es complacerse el uno al otro, siendo la prioridad del marido atender y complacer a su esposa y la de la mujer, atender y complacer al esposo.

No se refiere a una "obligación" como tal, sino a un estado de gozo por complacerse mutuamente. Por lo tanto, la actitud no debe ser la de "lo tengo que hacer aunque no quiera", sino la de "lo voy a hacer para obedecer a Dios y para agradar a mi esposo(a)". Esto, además, evita las tentaciones del adulterio.

El Dr. Kevin Leman enseña en su libro que cuando pienses en la relación física, piensa más desde el punto de vista de tocar, acariciar, abrazar, besar y galantear. De acuerdo con estudios realizados, se concluyó que la mayoría de las mujeres necesitan de ocho a doce toques significativos al día para mantener alto su nivel de energía y experimentar un sentido de unidad con su cónyuge: un abrazo, una palmadita, un tierno beso.

Hay aproximadamente cinco millones de células sensibles al tacto en el cuerpo humano. Dios nos ha hecho a cada uno de nosotros para que necesitemos y apreciemos el toque cariñoso. El toque adecuado pone a circular una corriente agradable y sanadora de productos químicos en el cuerpo del que toca y del que es tocado. Otros estudios han probado que las personas son más saludables como resultado de la atención y el toque cariñoso.

El acto sexual

El acto sexual debe ser el último del proceso de la intimidad. Debe verse como un acto sublime de tierna entrega del uno al otro. El propósito fundamental es proporcionarse placer mutuo. Cuando la Sagrada Escritura habla de no negarse el uno al otro, habla de "no robarse" el uno al otro el derecho que tienen de obtener placer de su cónyuge.

La Biblia no enseña acerca de un manual específico de posiciones, estilos o palabras que debemos leer, hacer o decir; pero entendemos que es importante ponerle interés, concentración, música y sabor a las relaciones sexuales, especialmente conforme el matrimonio madura.

En este mundo de hoy tan lleno de obligaciones y responsabilidades, es maravilloso que podamos disfrutar de este regalo maravilloso y absolutamente espectacular. Al final del día o al comienzo, podemos tocarnos, besarnos y proporcionarnos placer el uno al otro de una manera tal, que podamos olvidar el resto del mundo. Asegúrense de proveer un ambiente apropiado de paz, descanso y libertad. Experimenta con tu pareja diferentes toques que los exciten mutuamente. Vayan despacio. Guía a tu pareja y háblense acerca de qué estímulos le producen más placer. No todas las parejas tienen los mismos gustos ni temperamentos. Por esa razón es muy importante que hablen del asunto con absoluta libertad para que puedan disfrutar de la relación sexual y obtener ese gozo que Dios diseñó para el disfrute máximo del matrimonio.

La intimidad sexual es la entrega pura y considerada de ambos cónyuges, pensando en el goce exquisito de este precioso regalo de Dios para el matrimonio.

Diez maneras de estimular la intimidad sexual

El Dr. Kevin Leman recomienda algunas maneras de estimular las relaciones íntimas en el matrimonio. Marca las que más te llaman la atención para poner en práctica con tu cónyuge.

1. Conversen al final del día sobre las actividades respectivas de ese día. Apaguen el televisor durante la cena para estimular

la conversación. Apaguen sus teléfonos o pónganlos en vibrador y dejen grabar las llamadas telefónicas; solo respondan a las llamadas de emergencia.

2. Hablen de temas de interés para ambos. Algunas veces hablarán de temas que le interesen más a él y otras veces hablarán de lo que le interese más a ella.

3. Usen la imaginación y la creatividad para sorprender a su pareja con mensajes en el refrigerador, notas de agradecimiento, notas románticas o un detalle especial.

4. Establezcan una cita nocturna al mes que no puede dejar de cumplirse.

5. Hagan planes para estar juntos y solos. Contraten a personas que les cuiden los hijos de vez en cuando, para que ustedes pasen un tiempo a solas para hablar.

6. Asistan juntos a los eventos deportivos de sus hijos. Es asombroso cómo puede desarrollarse la conversación mientras observan sentados el juego, o mientras viajan.

7. Lean juntos un artículo de revista o un libro que consideren que estimulará una conversación. Lean literatura cristiana referente a temas de intimidad.

8. Escríbanse breves notas románticas con frecuencia. Ejemplo: "Tengo algo realmente asombroso qué hablar contigo la próxima vez que estemos juntos".

9. Una o dos veces al año, hagan planes para salir solos un fin de semana completo.

10. Recuerden orar juntos, orando por sus necesidades conyugales y específicamente por su disfrute sexual.

Marca una o dos ideas en las que comenzarás a trabajar de inmediato.

Desarrolla hábitos para una vida íntima sana

Para tener y mantener una relación íntima agradable que nos permita disfrutar al máximo nuestro matrimonio, debemos esforzarnos y ser disciplinados. Todo lo bueno en esta vida requiere trabajo para obtener los beneficios. Es necesario establecer nuevos hábitos en nuestra vida íntima para lograr la máxima satisfacción mutua y disfrutar de este precioso regalo de Dios.

Muy importante:

Por lo general, los hombres son muy atacados en el área sexual. Las tentaciones en el medio ambiente son muchas y es difícil para los hombres mantenerse apartados de esas tentaciones. Las esposas deben ser sabias para ayudar a sus esposos a traer a la luz esos pensamientos y hablar de esos temas con mucha comprensión. Si la esposa no escucha y atiende esas inquietudes del esposo, el riesgo de la tentación aumenta y se puede volver difícil de manejar.

Los hombres deben procurar ser más románticos con su esposa y prepararla bien antes del acto sexual. Recuerden que ellas son más lentas en "calentar" y se debe ir con paciencia.

Las mujeres que entienden la necesidad de su esposo pueden complacer más los anhelos sexuales de él, haciéndolo de tal manera que disfruten ellas mismas y a la vez agraden a Dios.

Tómate un tiempo para conversar sobre este tema de la intimidad con tu cónyuge, poniendo en práctica lo que has aprendido. Conversen en intimidad con absoluta sinceridad y con una actitud abierta a escuchar y a hacer lo que te pide tu cónyuge. Hablen de lo que les gusta, de lo que no les gusta. Hablen de lo que les estimula, de luces ambientales, de olores, de posiciones favoritas. Oren juntos pidiéndole a Dios que les enseñe a disfrutar mejor cada día la relación espiritual, afectiva y sexual.

Recomendamos la lectura de libros de base cristiana sobre este tema que les permita fortalecer sus conocimientos y enriquecer sus relaciones.

Jorge y Patricia reconocieron que esta había sido un área débil de su relación. A ambos les daba pena hablar de este asunto y muchas veces se sintieron frustrados y no hallaron cómo hablar del tema. Esa fue una de las razones por las que Jorge había buscado a su vieja amiga Sandra, sin que eso signifique una justificación.

Pero la realidad es que Jorge y Patricia no habían desarrollado esa confianza necesaria para hablar con absoluta libertad sobre este tema.

Cuando empezaron a hablar sobre el tema, ambos se sorprendieron de cuántas cosas habían sentido y no habían conversado. Entendieron que la relación íntima es un reflejo de toda la relación y aprendieron a proporcionarse placer el uno al otro como nunca antes lo habían hecho, generando un ambiente de paz, gozo y alegría que revolucionó completamente su matrimonio y lo llevó a su mejor nivel desde que se conocieron.

Capítulo 19

EDUCAR CON ÉXITO A NUESTROS HIJOS

"He aquí herencia del Señor son los hijos,
cosa de estima el fruto del vientre".

SALMO 127:3

¿QUÉ SIGNIFICAN LOS hijos para ti? Piensa por unos minutos en esta respuesta.

Casi todos los padres vemos a los hijos como una verdadera bendición para nuestras vidas. Pero lo primero que tenemos que entender con absoluta claridad es que los hijos no son nuestros; son de Dios. Él nos los da para que nos encarguemos de su instrucción y desarrollo, y que a la vez disfrutemos de esos procesos con ellos. Debemos entender que Dios nos pedirá cuentas por el resultado de nuestros hijos.

Los hijos no son un juguete que Dios nos da para pasarla bien, reírnos de sus monerías y gastar un montón de dinero comprando cosas que ellos no necesitan.

Tener hijos es una gran responsabilidad y tenemos que asegurarnos de que tengan las mejores oportunidades de ser exitosos en la vida. Sería una soberana muestra de egoísmo e irresponsabilidad pretender tener hijos para llenar un vacío o calmar una soledad.

Si decides tener hijos, debes entender que ellos tienen el derecho y la necesidad de vivir con sus dos padres, y tu cónyuge y tú deben estar dispuestos a ofrecerles esa seguridad. De lo contrario, van a traer al mundo a un ser que va a sufrir las consecuencias de la irresponsabilidad de sus padres. Eso no es justo ni correcto.

Tenemos que entender que el éxito o fracaso en la vida de nuestros hijos va a depender en un altísimo grado de cómo nosotros los preparemos. Y para que ese proceso de preparación sea exitoso y tenga un buen equilibrio y desarrollo, es muy importante tener en cuenta las siguientes cuatro columnas:

1. Amor

2. Enseñanza

3. Disciplina

4. Ejemplo

Vamos a explicar en detalle cada una de estas columnas y cómo establecerlas para el bienestar de nuestros hijos.

1. Amor

¿Qué significa amar a nuestros hijos?

Amar a nuestros hijos es pensar su futuro desde que nacen. Todo lo que vamos a hacer con ellos y para ellos debe tener el propósito de prepararlos para que tengan un futuro exitoso. Lo primero que debemos proveerle a nuestros hijos es un ambiente familiar sano donde puedan desarrollarse emocionalmente estables y seguros.

Amar a nuestros hijos significa también interesarnos por su disciplina, la formación de su carácter, atender sus necesidades, y conocer sus fortalezas, debilidades, gustos y deseos. De esa forma podremos guiarlos, apoyarlos para balancear sus actitudes y prepararlos para un futuro exitoso. El padre, como cabeza y portador de la responsabilidad del hogar, debe bendecir a sus hijos todos los días. Los hijos que son bendecidos por su padre diariamente crecen más seguros y sanos y llegan a ser una gran bendición para la familia. Te recomendamos que uses bendiciones bíblicas para tus hijos, como la que está en Números 6:24-26:

"Jehová te bendiga, y te guarde; Jehová haga resplandecer su rostro sobre ti, y tenga de ti misericordia; Jehová alce sobre ti su rostro, y ponga en ti paz".

Para poder conocer a nuestros hijos, debemos invertir tiempo con ellos y observar sus acciones y reacciones. Debemos escucharlos con atención y discernir sus pensamientos para orientarlos debidamente en función de su bienestar futuro.

El verdadero amor por el futuro de nuestros hijos debe ser la motivación más fuerte para disciplinarlos. Queremos que sean hombres y mujeres de bien, que vivan felices y con la menor cantidad de problemas posible. Esta debe ser la motivación más fuerte para que los padres disciplinen a los hijos.

Nuestros hijos deben aprender principios espirituales de vida desde muy pequeños. Una verdadera muestra de amor es enseñarles esos principios que traerán bendición a sus vidas. Los hijos que crecen en ambientes familiares donde se viven principios espirituales de vida se desarrollan más seguros y estables emocionalmente.

Los hijos deben ser enseñados a respetar incondicionalmente a su padre y a su madre por igual. Los padres nunca deben irrespetarse delante de los hijos porque eso será lo que aprenderán y se les estará privando de la oportunidad de que les vaya bien en la vida.

Es un gravísimo error que uno de los cónyuges les hable mal a sus hijos de su padre o de su madre porque los estará condenando a una vida de fracaso. Si sientes rabia con tu cónyuge por la razón que sea, jamás tomes venganza hablando mal de él o de ella a tus hijos porque esa actitud los dañará primeramente a ellos y también a ti. Si tienes que confrontar a tu cónyuge, hazlo de acuerdo a lo que aprendió en los temas de la comunicación y la confrontación, pero por amor a tus hijos, nunca permitas que tu enojo te haga ofender o irrespetar a tu cónyuge delante de ellos.

2. Enseñanza

Significa instruir, amaestrar con reglas y preceptos.

Eso es lo que debemos hacer con nuestros hijos. Debemos darles instrucciones desde muy pequeños, asignarles ciertas responsabilidades, supervisarlos, premiarlos si lo hacen bien y motivarlos cuando lo hacen mal para que lo sigan intentando hasta que lo hagan bien.

"Por tanto, pondréis estas mis palabras en vuestro corazón y en vuestra alma, y las ataréis como señal en vuestra mano, y serán por frontales entre vuestros ojos. Y las enseñaréis a vuestros hijos, hablando de ellas cuando te sientes en tu casa, cuando andes por el camino, cuando te acuestes, y cuando te levantes, y las escribirás en los postes de tu casa, y en tus puertas".

—Deuteronomio 11:18–20

121

Nuestros hijos aprenden en la escuela ciencias, matemáticas y cultura, pero no les enseñan a vivir sobre la base de principios espirituales y morales. Esa es misión de los padres. Lo primero que tenemos que enseñarles es a reconocer a Dios como nuestro Padre Celestial. La enseñanza de principios de vida basados en valores espirituales le dará a los hijos la estabilidad emocional necesaria para enfrentar el mundo con sabiduría y paz.

> "Te haré entender, y te enseñaré el camino en que debes andar; Sobre ti fijaré mis ojos. No seáis como el caballo, o como el mulo, sin entendimiento, Que han de ser sujetados con cabestro y con freno, Porque si no, no se acercan a ti".
>
> —SALMO 32:8, 9

Dios nos manda a que instruyamos a nuestros hijos con principios bíblicos de vida, y nos hace una poderosa promesa:

> "Instruye al niño en su camino, y aun cuando fuere viejo no se apartará de él".
>
> —PROVERBIOS 22:6

Si instruimos bien a nuestros hijos con principios de vida correctos, estaremos sembrando en ellos la base de su porvenir y su futuro exitoso. Y como dice el dicho, lo que bien se aprende, jamás se olvida.

Cómo y qué enseñar a nuestros hijos

Pregunta: Los primeros años de vida son determinantes para la educación de los niños. Durante este período, ¿qué es lo más importante que se les debe enseñar?

Respuesta: Se les debe enseñar la verdad cristiana a

nuestros hijos cuidadosa y regularmente desde su más tierna infancia. He aquí algunos principios esenciales que se les debe transmitir:

"Y amarás al Señor tu Dios con todo tu corazón, y con toda tu alma, y con toda tu mente y con todas tus fuerzas".
—MARCOS 12:30

Nuestros hijos deben ver que el Señor Jesucristo tiene el primer lugar en nosotros. Nos deben ver orando frecuentemente con confianza y agradecimiento a Dios. ¿Les estamos enseñando este principio a nuestros hijos?

"...Amarás a tu prójimo como a ti mismo...".
—MARCOS 12:31

Mediante nuestro ejemplo, nuestros hijos deben aprender a amar y respetar a los demás. ¿Aprenden nuestros hijos por nuestro ejemplo a amar a los demás, a no ser egoístas, y a no criticar a otros? ¿Les estamos modelando a nuestros hijos a compartir los bienes con otras familias necesitadas?

"...Teme a Dios, y guarda sus mandamientos; porque esto es el todo del hombre".
—ECLESIASTÉS 12:13

¿Aprenden nuestros niños a inclinarse con respeto ante el Dios del universo? ¿A obedecernos como la Palabra lo ordena para más tarde obedecer mejor a Dios? ¿A tenerle horror a la mentira?

3. Disciplina

Disciplina significa ejercer gobierno sobre la voluntad de los hijos. Su propósito es formarles el carácter. Ejercer disciplina es una muestra de amor. En consecuencia, el padre que no disciplina a sus hijos no está demostrando amor por ellos. Tenemos que entender que si no los disciplinamos nosotros, la vida se encargará de disciplinarlos a un costo mucho mayor y probablemente con mucho dolor.

Muchos padres creen que disciplinar a sus hijos es solamente hablarles y explicarles las cosas, pero la verdad es que eso no es suficiente.

"No rehúses corregir al muchacho; porque si lo castigas con vara, no morirá. Lo castigarás con vara, Y librarás su alma del Seol".

—Proverbios 23:13–14

"La necedad está ligada en el corazón del muchacho; más la vara de la corrección la alejará de él".

—Proverbios 22:15

La parte del cuerpo establecida para azotar al hijo es en sus nalgas, ya que esa parte está diseñada para causarle un dolor soportable y no causarle heridas físicas ni emocionales. No se recomienda azotar a los hijos después de los doce años. Tampoco se debe hacer con violencia.

Algunos padres dicen: "Él es muy pequeño, voy a esperar hasta que sea más grandecito, y entonces, comprenderá más y podré hacerle entrar en razón".

Pero en Proverbios 19:18, vemos que dice:

"Castiga a tu hijo en tanto que hay esperanza; y no se apresure tu alma para destruirlo".

Otros padres dicen: "Si lo castigo, será más rebelde". En cuanto a eso, la Palabra de Dios dice en Proverbios 29:17:

"Corrige a tu hijo, y te dará descanso, y dará alegría a tu alma".

Hay padres que dicen: "No quiero que mi hijo se inhiba en nada. Quiero que él o ella crezca libremente, quiero darle todos los gustos mientras sean pequeños". Pero la Palabra nos dice que no consintamos a nuestros hijos.

"La vara y la corrección dan sabiduría; mas el muchacho consentido avergonzará a su madre".
—PROVERBIOS 29:15

Muchos padres no quieren castigar con la vara a su hijo porque creen que les va a producir mucho dolor, pero no se dan cuenta de que el dolor que produce la varita en el cuerpo del niño es momentáneo. Evitará el enorme dolor que les producirá el carácter egoísta que tendrá cuando sea grande. Proverbios 20:30 dice:

"Los azotes que hieren son medicina para el malo, y el castigo purifica el corazón".

El niño al que no se le disciplina a temprana edad y se le enseña a someter su voluntad a los padres, necesitará sufrir disciplina más tarde en la vida. En su gracia, Dios disciplinará a esa persona, pero después de tantos años de dejarse llevar por su propia voluntad y sus caprichos, habrá mucho más dolor y sufrimiento.

"Bueno le es al hombre llevar el yugo desde su juventud".

—Lamentaciones 3:27

¿A quién le corresponde la disciplina de los hijos?

Es una responsabilidad del sacerdote o cabeza de hogar, o sea, el padre de familia con el aporte y el apoyo de su esposa.

Es muy común hoy día ver a las madres tratar de ejercer esa función, pero Dios estableció que sea el hombre quien tenga la autoridad, y también la responsabilidad. Eventualmente, puede delegar parte de esa responsabilidad a su esposa, especialmente cuando él está ausente, pero siempre debe supervisar el cumplimiento de la disciplina en el hogar. Cuando el padre y la madre están presentes, es el padre a quien le corresponde ejercer la disciplina, ya que es su responsabilidad y fue diseñado para ejercerla.

Pasos de la disciplina:

El Dr. Sergio Canavati menciona en su libro *Cómo criar campeones*[1], que para ejecutar eficientemente la disciplina a los hijos, se deben seguir tres pasos:

1. Instrucción

La disciplina comienza cuando instruimos, enseñamos y les comunicamos claramente los valores a nuestros hijos. Esta es la primera etapa de la disciplina y empieza desde que los niños están recién nacidos. No caigas en la trampa de creer que están muy pequeños y no entienden. Los niños desde recién nacidos van a tratar de manipular a sus padres. Por supuesto, necesitan más paciencia y tolerancia, pero deben crecer aprendiendo instrucciones disciplinarias desde pequeños.

Los padres deben ser claros y firmes en cuanto a dar instrucciones a sus hijos. Deben asegurarse de que ellos están entendiendo la instrucción.

2. Entrenamiento

Entrenamiento significa guiar, preparar y dirigir el crecimiento del niño. Esto incluye ayudar al niño a formar hábitos y desarrollar eficacia al ser instruido; significa capacitar al niño para que pueda ejecutar las instrucciones de la mejor manera posible.

3. Corrección

Un niño necesita corrección cuando aún después de saber la instrucción dada por usted, no la sigue. Es de suma importancia tomar acción en este nivel, ya que de lo contrario, el sentido de seguridad y de dominio propio de su hijo se verán afectados. El ser firme y directo es muy importante en este nivel.

Contraste entre disciplina y castigo

A los padres se les instruye a que disciplinen a sus hijos, pero no se les instruye a que los lastimen.

¿Cuál es la diferencia?

La raíz de la palabra disciplina es discípulo y significa aprendiz.

La definición de disciplina incluye instrucción, entrenamiento y corrección, y debe ser motivada por el amor y el cuidado. La disciplina tiene el propósito de corregir la actitud del hijo en función de su comportamiento en el futuro. En cambio, el castigo implica venganza o cobrar una penalidad.

Los padres son llamados a disciplinar y no a castigar a sus hijos. Es posible que el padre utilice el mismo método de corrección y esté disciplinando o castigando al niño. Depende de su actitud interna. Por ejemplo, la ira es parte del castigo, no de la disciplina.

Si usted está enojado, probablemente va a castigar y no a disciplinar a su hijo. Los niños poseen un formidable radar en cuanto a detectar las actitudes internas de los adultos hacia ellos. De hecho, el niño puede identificar la ira de sus padres cuando ellos aún ni se han percatado de que están rabiosos.

Saber cómo manejar la ira es una habilidad necesaria para que los padres puedan disciplinar a sus hijos y no castigarlos o vengarse de ellos.

> "Y vosotros, padres, no provoquéis a ira a vuestros hijos, sino criadlos en disciplina y amonestación del Señor".
>
> —EFESIOS 6:4

Trata las siguientes sugerencias si te sientes iracundo:

- No te apresures a corregir inmediatamente, ni golpees a tu hijo en cualquier parte del cuerpo. Es peligroso castigar a tu hijo con ira, ya que puedes ocasionar un abuso infantil.

- Sepárate de tus hijos por unos minutos hasta que te tranquilices.

- Admítete a ti mismo que estás iracundo y pídele al Señor que te ayude a lidiar con tu ira y a tomar control.

- Pídele a Dios que te ayude a discernir por qué estás enojado. A veces estás en esa condición contigo mismo debido a que has dejado que la situación se haya prolongado sin corregirla.

- Cuando estés calmado, entonces ve donde tu hijo y toma acción para corregirlo. Importante: si has disciplinado a tu hijo con ira incontrolable, la mejor forma de remediar la situación es pidiéndole perdón, no por corregirlo, sino por haber estado iracundo mientras lo corregías.

4. EJEMPLO / MODELAJE

Este punto es de vital importancia para la educación eficaz de los hijos. No podemos exigir a nuestros hijos que hagan lo que no nos ven a nosotros hacer.

No existe ningún sustituto que pueda reemplazar el ejemplo de los padres en cuanto a las actitudes que deseamos enseñar. Es muy posible que el niño siga los pasos de sus padres, aunque él quiera ocultarlo.

¿Cómo nuestros hijos serán corteses y generosos si nosotros somos groseros y egoístas? ¿Cómo podemos pretender que nuestros hijos digan "gracias" y "por favor", si nosotros no lo decimos ni dentro ni fuera del hogar? Ellos no tienen ejemplo. Los niños saben cuando nosotros decimos algo y hacemos otra cosa.

Si quieres que tu hijo sea obediente y humilde, debes darle el mismo ejemplo con tus superiores en el trabajo, en la iglesia y con las autoridades. No puedes esperar que tu hijo respete las autoridades si tú le modelas lo contrario.

"Instruye al niño en su camino, y aun cuando fuere viejo no se apartará de él".
—PROVERBIOS 22:6

Las enseñanzas que aprenden los niños permanecerán para siempre en su mente. De ahí la importancia de instruirlos correctamente desde su temprana edad.

¿Cómo manejamos a nuestros hijos adolescentes?

Algunos adolescentes adolecen de identidad.

Los adolescentes, generalmente, a partir de los doce años de edad, tienen una lucha muy fuerte debido a una actitud muy propia de su edad en la que ya no son niños, pero tampoco son adultos. Son muy influenciables por las amistades, por las modas y por el medio ambiente.

No es fácil entender a los adolescentes hoy día. A nuestros muchachos les ha tocado enfrentar una época muy difícil de la historia, con muchas tentaciones, mucha presión del mundo y sus modas, influencia de muchachos provenientes de hogares desintegrados, y poco contacto de calidad con sus propios padres como consecuencia del poco tiempo disponible de ellos.

En los años infantiles, el "yo" del niño es un espejo del yo de sus padres porque papá y mamá son los que abastecen las áreas físicas, emocionales, mentales y espirituales del niño. El infante es una continuación de los padres porque todavía no tiene un yo individual. A pesar de que cuestionan, finalmente aceptan que lo que dicen papá y mamá es lo real.

El Dr. Sergio Canavati menciona en su libro *Adolescentes en llamas*[2], que la adolescencia es el proceso de "desconectarse del yo" paternal para convertirse en el "yo" individual. Los adolescentes comienzan a descubrir su propia estructura de pensamiento, a conocer otras opiniones, a descubrir que tienen una manera propia y particular de verse a sí mismos. Comienzan a ver cambios y transformaciones en su visión de todo.

Este proceso de "individualización" es muy confuso porque se da en conjunto con otros cambios. Los estados de ánimo se vuelven impredecibles y cambiantes, a veces inducidos por hormonas o por los cambios de intereses que van teniendo. Esto hace que con frecuencia ellos no se entiendan ni a sí mismos.

Usualmente, la manera que los adolescentes tienen de probarse a sí mismos es haciendo lo contrario de lo que la figura de autoridad les pide o espera de ellos. Entienden que la manera de ser independientes es tomando sus propias decisiones y retando a los que piensan por ellos. Al insistir en llevar la contraria, se reafirman en que son individuales. Todo lo que sea autoridad va a ser retado. Están jugando a ser individuos particulares. El adolescente que no pasa por este proceso de individualización, no desarrolla su propio carácter. Se convierte en una persona fácil de manipular por otros y no desarrolla su propia capacidad de tomar decisiones. Muy probablemente no logrará desarrollar su propósito en la vida.

No es fácil ser padre de un adolescente porque también tiene que sufrir un proceso para ser menos figura de autoridad y más figura de amistad. Los adolescentes enfrentan hoy día retos que oprimen sus almas, destruyen su carácter y los llenan de desconfianza y desesperación. Por esta razón, es necesario acercarse más a los intereses de los hijos, compartir más tiempo con ellos, y ayudarles en sus proyectos personales dándoles ideas, orando con ellos, interesándose en sus planes y proyectos. Es lamentable que, en la mayoría de los hogares, muchos jóvenes no se sienten social ni familiarmente adaptados; gritos, gestos y amenazas remplazan la conversación entre los adolescentes y sus padres.

Inviertan tiempo de calidad con sus hijos en actividades

que sean del interés de ellos. Oren con ellos para bendecir sus proyectos, sus actividades, sus sueños y su futuro. Díganles constantemente que los aman y que son muy importantes para ustedes.

Escúchenlos con atención para poder explicarles los peligros que enfrentan y las consecuencias. Déjenles cierta libertad para que ellos puedan decidir sobre cuestiones importantes de su vida, con la sabiduría y apoyo de sus padres.

En esta etapa de la vida de nuestros hijos, es muy importante ayudarles a ganarse nuestra confianza y darles un margen razonable de libertad. Se debe tener paciencia y a la vez ser firme en lo que no se puede ceder. Jamás expongas a tu hijo adolescente al ridículo delante de otras personas. Si tienes que llamarle la atención, hazlo en privado.

Papá y mamá deben dar permisos en acuerdo. Nunca den permisos por separado. Para lograr esto, se recomienda que primero establezcan juntos las reglas de la casa. Padre y madre se sientan juntos papel en mano y empiezan a definir reglas para los hijos, en la casa y fuera de ella. Deben definir las penas o consecuencias para los hijos, si se incumplen las reglas. Una vez que están de acuerdo, el padre las comunica a sus hijos. Si los hijos incumplen las reglas, deben ejecutarse las penas o consecuencias que acordaron los padres. Es muy importante que nunca les perdonen las infracciones a sus hijos porque entonces ellos no entenderán bien la instrucción y se volverán rebeldes.

Es de vital importancia asignarles responsabilidades que puedan manejar y que requieran algún tipo de esfuerzo de parte de ellos. Evita la sobreprotección y no menosprecies las cualidades, dones y talentos de tus hijos.

Tráelos contigo a la iglesia e involúcralos en el grupo de jóvenes para que fomenten amistades sanas que les ayuden en su desarrollo. Participa con él o ella en todas las actividades artísticas y deportivas en que participen. Háblenles a sus hijos de la necesidad y la conveniencia de vivir una vida disciplinada.

Ser padre es compartir con nuestros hijos y escucharlos, para poder guiarlos en las decisiones de su vida. Es enseñarles a descubrir sus habilidades y talentos para que se desarrollen con éxito en su vida. Es modelarles los principios de vida cristianos que les garantizará una mejor manera de enfrentar la vida.

¿Cuán importante es el ejemplo o modelaje para tus hijos? ¿Les estás modelando a tus hijos correctamente?

Oren junto a sus hijos pidiéndole a Dios sabiduría para tomar siempre decisiones correctas conforme a su propósito y voluntad.

Tomen un tiempo para conversar sobre la educación de los hijos, poniendo en práctica lo que han aprendido, y recuerden orar todos los días por su matrimonio y sus hijos.

Cuando el proceso de formación de los hijos se hace correctamente desde la temprana edad, las posibilidades de que sean adolescentes estables y firmes en sus valores y principios es definitivamente muy alta. Pero también tenemos que reconocer que nunca es tarde.

No importa la edad que tengan tus hijos en este momento. Empiecen a tomar decisiones para cambiar lo que tenga que cambiar. Tengan cuidado de no ser demasiado rígidos con los cambios. Cambiar súbitamente los hábitos con los jóvenes no es conveniente. Debe darse un proceso de ajuste, tiempo y trabajo con ellos para generar los cambios. Lo importante es saber los cambios que deben darse y empezar a trabajar en estos con paciencia y constancia.

Empiecen pidiendo perdón a sus hijos por no haber sido los padres que ellos necesitan y merecen. Luego explíquenles los cambios que van a empezar a ocurrir y lo que esperan de ellos.

Jorge y Patricia estaban realmente empezando su vida de padres y les cayó muy bien aprender acerca de las cuatro columnas para la formación de sus hijos. Ya habían empezado mal por falta de conocimiento y conciencia del verdadero propósito de tener hijos. Entendieron la importancia y la gran responsabilidad que significa tener hijos y educarlos correctamente para que sean hijos exitosos en el futuro y puedan tener una vida de bendición.

Le pidieron perdón a su primer hijo por haberlo afectado varias veces cuando ellos discutieron delante de él. Aunque quizás no entendía mucho, ellos entendieron la importancia de pedir perdón también a sus hijos cuando los padres se equivocan.

Jorge y Patricia estaban muy felices de ver todo lo que estaban aprendiendo y poniendo en práctica en su matrimonio, y cómo eso les estaba conduciendo a una nueva forma de vida que les traía mucha paz y gozo a sus corazones.

Capítulo 20

¿CUÁL ES NUESTRO LENGUAJE DEL AMOR?

EL DR. GARY Chapman afirma en su libro *Los cinco lenguaje del amor*[1] que el sentirse amado y aceptado es el soporte o columna que sostiene las relaciones personales, especialmente en el matrimonio. En lo más profundo del ser humano está la necesidad de tener intimidad y ser amado y aceptado por otras personas. Cuando se llena esta necesidad de amor, se crea un ambiente donde la pareja puede tratar los demás asuntos de la vida de una manera mucho más productiva.

Por amor podemos subir montañas, cruzar mares, viajar por desiertos y soportar todo tipo de dificultades. Cuando una persona se siente amada y aceptada por otra, puede encender una llama de voluntad poderosa que le motivará a hacer cosas que bajo circunstancias normales no haría.

LOS "TANQUES DE AMOR"

Nuestra necesidad emocional más básica no es el enamorarnos, sino ser verdaderamente amados por otro, conocer un amor que brota de la razón y la decisión, y no del instinto. Esta clase de amor requiere esfuerzo y disciplina. El Dr. Chapman, en el mismo libro al que hicimos referencia, ha llamado "Tanques de amor"[2] a esos depósitos emocionales en nuestra mente y en nuestro corazón que nos permiten actuar en la vida, en función de cuán llenos estén. Cuando ese tanque emocional está lleno, nos sentimos seguros, el mundo brilla y seremos capaces de alcanzar nuestro más alto potencial en la vida. Pero cuando ese tanque está vacío, nos sentimos despreciados, el mundo parece oscuro y probablemente no alcancemos el potencial para lo bueno en este mundo.

¿Cómo mantener suficientemente llenos los "Tanques de amor"?

Los matrimonios intentan muchas formas para mantener los niveles de amor en su relación emocional. Lamentablemente, muchos no lo consiguen y finalmente deciden abandonar sus esfuerzos. A continuación les compartimos un sorprendente descubrimiento que le ha ayudado a muchos matrimonios a levantar nuevamente el nivel de sus tanques emocionales de amor y disfrutar otra vez de la relación al máximo.

Este descubrimiento de la psicología moderna está basado en un principio expuesto por el diseñador y creador del universo, en el manual de la vida: La Biblia, en 1 Corintios 13. En nuestro ministerio hemos adoptado este concepto de los "Lenguajes de amor" expuesto y esbozado originalmente en el libro del Dr. Chapman al que nos referimos, por su apoyo bíblico y la efectividad con que lo hemos visto funcionar en bien del matrimonio.

En el área del amor, los lenguajes emocionales de los dos cónyuges pueden ser tan diferentes como el español y el chino. Una gran cantidad de matrimonios se rompen porque dicen que no son compatibles. Lo que en realidad sucede es que pretenden que su cónyuge le ame con el mismo lenguaje que ellos aman, sin saber que su lenguaje de amor es diferente.

Es muy importante estar dispuestos a aprender el lenguaje amoroso más importante de nuestra pareja. Eso significa que debemos trabajar para descubrir el lenguaje amoroso que es como ese "botón rojo", que cuando lo tocamos, obtenemos una reacción muy positiva de nuestro cónyuge.

Descubrir el lenguaje de amor de tu cónyuge y estimularlo puede ayudarte a mejorar considerablemente la relación.

Veamos algunos ejemplos de "Lenguajes de amor":

1. Palabras edificantes

Es buscar la manera de expresar nuestro amor utilizando palabras que edifiquen. Cuando recibimos palabras estimulantes, nos sentimos mucho más motivados para retribuir a nuestro cónyuge y hacer lo que hace feliz. Debemos utilizar palabras amables que animen y refuercen los valores positivos; por ejemplo, darle gracias a tu esposa por el esfuerzo realizado al atenderlos a tus hijos y a ti. Anímate a decirle qué bien se ve, qué bien le quedó la decoración de la casa y a reconocer y halagar lo que hace por ti.

La esposa puede afirmar a su esposo con palabras que lo animen, como por ejemplo, darle gracias por hacerla sentir segura, decirle cuánto le gustó su manera de comportarse en alguna situación específica, y animarlo diciéndole que puede lograrlo. Estas palabras de afirmación son especialmente necesarias para personas con baja autoestima por problemas vividos en el pasado.

2. Tiempo de atención

Es darse tiempo el uno al otro, pero un buen tiempo de atención en donde se manifieste la unión aunque no haya proximidad física. Debe ser un momento de verdadera *koinonía*, un diálogo comprensivo cuando ambos puedan comunicar experiencias, pensamientos, sentimientos y deseos, en forma amistosa sin interrupciones. Este lenguaje de amor tiene que ver, sobre todo, con la atención que se le pone a la persona para escucharla y atender sus necesidades.

Algunas personas pueden pasar mucho tiempo juntas, pero eso no significa que estén pasando un tiempo de calidad. Por ejemplo, puede ser que pasen mucho tiempo viendo televisión, pero eso no los acerca ni les ayuda a crecer mutuamente. El tiempo de calidad, aunque sea poco, se siente como si fuera mucho cuando se profundiza en la comunicación de sentimientos con verdadera atención en la otra persona.

3. Obsequios significativos

Los regalos son símbolos visuales del amor que expresan la importancia de la otra persona en nuestra vida. No importa el valor material, sino la manifestación de lo importante que es la otra persona para nosotros y cuán presente está en nuestro pensamiento. Eso lo expresamos en el tiempo invertido para buscar y conseguir el regalo, y entregándolo como muestra de amor. Lo realmente importante de este lenguaje es que la otra persona pueda darse cuenta del esfuerzo y el tiempo invertido para seleccionar dicho regalo. Puede ser hasta una simple carta, pero en la cual se demuestre el tiempo y el amor invertidos para escribirle algo al ser querido.

4. Acciones de servicio

Consiste en hacer cosas que sabemos que a nuestra pareja le gustan, buscando agradarle y servirle como expresión de amor.

Debe ser un acto espontáneo y no forzado, ya que el amor se da libremente. Por lo general, son cosas que requieren planificación, tiempo, esfuerzo y energía. Cuando se hacen con un espíritu positivo, son verdaderas demostraciones de amor. Por ejemplo, las esposas aprecian mucho cuando su hombre comparte con ellas algunas labores en la casa como lavar la vajilla, cocinar de vez en cuando, ayudarles a arreglar la casa y a decorarla. Para los hombres es importante cuando las esposas les demuestran su amor, por ejemplo, planchándole muy bien la ropa, haciéndole esa comida especial que a él le gusta o ayudándolo a lavar el carro.

5. Afecto físico

Es un poderoso vehículo para comunicar el amor marital. Incluye el tomarse de las manos, abrazarse, acariciarse, besarse. No son caricias sexuales, sino un contacto físico que le transmite a quien lo recibe una sensación de ternura, cariño y protección.

Con estas expresiones de afecto físico, algunas personas llenan su tanque emocional y se sienten seguras del amor de su cónyuge. Los hombres por lo general cometen el error de creer que el afecto físico es su lenguaje principal, puesto que desean intensamente las relaciones sexuales. Recordemos que para el varón, el deseo sexual está basado en lo físico. En cambio para la mujer, el deseo sexual tiene raíces en sus emociones.

Muchos hombres creen que el afecto físico es su lenguaje, pero si no experimentan el mismo gozo con otra clase de caricias no sexuales, entonces este no es su lenguaje de amor.

Descubre el principal lenguaje de amor de tu cónyuge. Todos los seres humanos reaccionamos a todos los lenguajes de amor y sus diferentes combinaciones, pero por lo general hay uno o dos lenguajes que son los que más impactan a una persona.

Descubrir el lenguaje de amor que más impacta a tu cónyuge es importante, pero debemos asegurarnos de conocer también nuestro propio lenguaje del amor. Para algunas personas no es tan fácil, pero con atención y esfuerzo lo podrán distinguir. Es probable que tengan dos lenguajes, lo cual facilitaría las cosas, ya que tiene dos maneras de estimular el amor de su cónyuge.

Usualmente, el lenguaje con el que tú quieres agradar a tu pareja es el tuyo, y por eso te parece que de esa forma lo vas a agradar. Muchas veces no sucede así porque ese es tu lenguaje, no el de tu cónyuge.

Comenta al respecto con tu cónyuge y dediquen un tiempo para escribir lo que creen que es el principal lenguaje de amor de cada cual. Luego enumeren los otros en orden de importancia y compártanlos mutuamente.

EL AMOR ES UNA DECISIÓN

"El amor es sufrido, es benigno; el amor no tiene envidia, el amor no es jactancioso, no se envanece; no hace nada indebido, no busca lo suyo, no se irrita, no guarda rencor; no se goza de la injusticia, mas se goza de la verdad. Todo lo sufre, todo lo cree, todo lo espera, todo lo soporta. El amor nunca deja de ser; pero las profecías se acabarán, y cesarán las lenguas, y la ciencia acabará".

—CORINTIOS 13:4–8

A algunas personas se les puede hacer difícil hablar el lenguaje del amor del otro si están resentidos por las faltas del cónyuge en el pasado. ¿Qué se puede hacer? La respuesta a esta pregunta está en la esencia de nuestra naturaleza. Somos criaturas de decisiones. Tenemos la capacidad de decidir pedir perdón por las cosas hirientes que le hemos hecho a nuestro cónyuge y decidir que el futuro sea diferente.

¡El amor no borra el pasado, pero puede hacer diferente el futuro!

Cuando nos decidimos a tener expresiones activas de amor en el idioma principal de amor de nuestro cónyuge, creamos un ambiente emocional que nos permite tratar con nuestros conflictos y fracasos pasados. Llenar la necesidad de amor de tu esposa es una decisión que debes tomar cada día. Si sabes cuál es su lenguaje principal de amor y decides hablarlo, las necesidades más profundas serán satisfechas y ella se sentirá segura de tu amor. Recuerda que cuando una acción no es algo natural para ti, es una verdadera expresión de amor.

Nuestras acciones preceden a nuestras emociones. Cuando decidimos llenar la necesidad emocional de nuestro cónyuge y hablamos su lenguaje de amor, su "Tanque de amor" estará lleno y nos retribuirá hablando nuestro lenguaje. Cuando lo hace, nuestras emociones regresan y nuestro "Tanque de amor" comienza a llenarse.

Comienza a llenar el "Tanque de amor" de tu cónyuge

Una vez que hemos descubierto los lenguajes del amor de ambos, entonces estamos listos para iniciar una campaña para estimularlos y hacer crecer nuestros tanques emocionales. Te sugerimos el siguiente juego para que lo pongas en práctica con tu pareja una vez a la semana. Recomendamos el fin de semana para este juego.

El juego se llama "Mide el tanque" y se juega así:

Uno de los cónyuges le dice al otro: En una escala de cero a diez, ¿cómo está hoy tu tanque de amor? Cero significa vacío y diez significa lleno. El otro cónyuge lee su tanque y dice cuán lleno está. El primer cónyuge dice: ¿Qué podría hacer para llenarlo? Entonces el segundo cónyuge hace una sugerencia. Luego repiten el proceso en sentido contrario, para que los dos tengan la misma oportunidad.

Ambos cónyuges planearán cómo satisfacer la solicitud de su pareja para llenar su tanque de amor mutuamente. Si practican el juego por varias semanas, van a divertirse mucho y a generar muchas interacciones positivas que mejorarán considerablemente la relación y tendrán la oportunidad de establecer un excelente hábito para la salud del matrimonio.

Jorge y Patricia invirtieron tiempo hablando respecto a sus lenguajes de amor y lograron aprender cuál era el lenguaje más importante de cada uno. Decidieron practicar el juego y se divirtieron mucho, a la vez que hacían crecer sus depósitos emocionales de amor. Oraron a Dios para que les diera la sabiduría para cuidar sus lenguajes de amor mutua y permanentemente.

Capítulo 21

DESARROLLAR HÁBITOS SANOS DE VIDA MATRIMONIAL

JORGE Y PATRICIA, nuestra pareja de la historia, aprendieron mucho de los principios de vida para matrimonios y entendieron que era necesario ponerlos en práctica y generar nuevos hábitos en su vida matrimonial y familiar. Como casi todos los matrimonios, tuvieron que enfrentar luchas y dificultades para lograr y mantener una relación agradable.

LA BIBLIA NOS ADVIERTE DE UNA LUCHA ESPIRITUAL.

"Porque no tenemos lucha contra sangre y carne, sino contra principados, contra potestades, contra los gobernadores de las tinieblas de este siglo, contra huestes espirituales de maldad en las regiones celestes".

—EFESIOS 6:12

Es evidente, de acuerdo a la instrucción bíblica, que existe una lucha contra seres espirituales de maldad que quieren destruir los matrimonios y las familias.

Esto nos lleva a entender que probablemente cuando nuestro cónyuge actúa mal, puede estar siendo atacado por pensamientos provocados por esos seres espirituales negativos. Debemos aprender a defender la relación con las armas y herramientas que nos da nuestro Padre celestial en su Palabra.

Otra lucha que enfrentamos es con la debilidad humana, que tiene que ver con debilidades de carácter, creencias incorrectas y malos hábitos.

Otro tipo de lucha que tenemos que enfrentar con frecuencia es el pasado, por heridas causadas por personas que nos lastimaron y dejaron una marca dolorosa que a veces es muy profunda y difícil de sanar.

Para poder vencer en esas luchas, debemos crecer espiritualmente, tomar decisiones de perdonar a las personas que nos ofendieron y formar nuevos hábitos que nos ayuden a darle mantenimiento y estabilidad a nuestro matrimonio.

Te sugerimos que hagas un repaso general de lo más importante de todo lo aprendido, para que tengas presente toda esta información y trabajes en la formación de esos nuevos hábitos que te van a ayudar a transformar tu matrimonio y disfrutarlo al máximo.

Un hábito constituye el efecto de actos repetidos y la aptitud para reproducirlos. El hábito se adquiere por el ejercicio. Para formar un hábito, se debe tener un crecimiento y esforzarse a través de la repetición. El crecimiento del hábito debe ser intensivo y extensivo. Puede ser comparado con el de un árbol que extiende sus ramas y raíces más y más lejos, adquiriendo una mayor vitalidad, que puede resistir más efectivamente los obstáculos de la vida y oponer mayor resistencia a ser derribado.

Los principales factores del crecimiento de un hábito son:

1. El número de repeticiones, dado que cada repetición fortalece la disposición producida por el ejercicio anterior.

2. Su frecuencia—Un intervalo muy prolongado de tiempo hace que la disposición se debilite mientras que uno muy corto tampoco ayuda.

3. Su uniformidad—El cambio debe ser lento y gradual y los elementos nuevos deben añadirse poco a poco.

4. El interés que se pone en las acciones, el deseo de tener éxito y la atención que se da a lograr establecer los nuevos hábitos.

5. El placer que resulta o el sentimiento de éxito con el que se asocia la idea de la acción.

Les recordamos los siguientes consejos adicionales para fortalecer la vida matrimonial:

- Orar juntos diariamente y procurar alimento espiritual

- Tener presente que el bienestar y la felicidad del otro es primero

- Salir juntos una vez a la semana para compartir como pareja

- Revitalizar la autoestima y fortalecer la autoimagen del cónyuge

- Nunca hacer al cónyuge sentirse ridículo/a o avergonzado/a, y menos en público

- Compartir intereses—Diviértanse juntos, procurando incrementar las interacciones positivas, haciendo todo lo que les gusta hacer juntos.

+ Desarrollar la capacidad de reír, bromear y distraerse

+ Comunicarle al cónyuge tus sensaciones y experiencias

+ Practicar el romance permanentemente—La iniciativa debe venir del hombre, aunque la mujer puede hacer sus aportes

+ Evitar asumir—Ser cariñosos siempre y no solamente cuando se busca el sexo (especialmente los hombres)

+ Practicar actos de ternura, detalles, palabras lindas, mensajes escritos, abrazos

En todo matrimonio siempre habrá conflictos, pero lo importante es desarrollar la capacidad de resolverlos y de generar más interacciones positivas.

Cuando en un matrimonio se genera una mayor cantidad de interacciones positivas, como detalles, palabras edificantes, pequeños regalos mutuos y actitudes sinceras, la relación podrá pasar por alto más fácilmente las interacciones negativas. La idea es que entre más interacciones positivas tengan, las negativas se van a ver menos y van a poder disfrutar más de la relación integralmente.

Practiquen la empatía, que es la identificación sincera con los sentimientos del cónyuge, aceptándose mutuamente por lo que cada uno es. Esto no significa estar de acuerdo en todo, pero sí estar dispuesto a prestar atención. Es decir, aunque seamos diferentes, estamos dispuestos a ceder, aprender y depender el uno del otro.

Practiquen el tomar de las manos a su cónyuge, mirarse a los ojos y expresarse todos los sentimientos más nobles y edificantes que puedan decirse. Confírmense su decisión de cuidar el matrimonio y hacer que se convierta en un ambiente muy agradable para ambos, poniendo en práctica todo lo aprendido y por sobre todo, clamando al Señor que sea el eje de sus vidas y de su familia.

APÉNDICE

TABLA DE EVALUACIÓN DE TEMPERAMENTOS

Áreas fuertes

animado	aventurero	analítico	adaptable
juguetón	persuasivo	persistente	tranquilo
sociable	decidido	sacrificado	sumiso
convincente	competitivo	considerado	controlado
entusiasta	inventivo	respetuoso	reservado
sensible	autosuficiente	enérgico	contento
activista	positivo	planificador	paciente
espontáneo	seguro	puntual	callado
optimista	abierto	ordenado	atento
chistoso	dominante	fiel	amigable
encantador	osado	detallista	diplomático
alegre	confiado	culto	constante
inspirador	independiente	idealista	inofensivo
cálido	decisivo	profundo	humor seco
cordial	instigador	músico	conciliador
hablador	tenaz	considerado	tolerante
vivaz	líder	leal	escuchador
adorable	jefe	organizado	apacible
popular	productivo	perfeccionista	condescendiente
jovial	atrevido	bien portado	equilibrado

TOTALES

Áreas débiles

escandaloso	mandón	tímido	falto de gracia
indisciplinado	antipático	implacable	sin entusiasmo
repetidor	resentido	resistente	callado
olvidadizo	imprudente	exigente	temeroso
interrumpe	impaciente	inseguro	indeciso
imprevisible	sin afecto	impopular	no compromiso
descuidado	terco	difícil complacer	vacilante
negligente	orgulloso	pesimista	insípido
enojón	argumentador	sin motivación	muy callado

ingenuo	nervioso	negativo	arrogante
egocéntrico	adicto al trabajo	abstraído	ansioso
hablador	indiscreto	susceptible	tímido
desorganizado	déspota	deprimido	dudoso
inconsistente	intolerante	introvertido	indiferente
desordenado	manipulador	temperamental	quejumbroso
ostentoso	testarudo	escéptico	lento
emocional	prepotente	solidario	perezoso
atolondrado	malgeniado	suspicaz	sin ambición
inquieto	precipitado	vengativo	renuente
voluble	astuto	crítico	doble

_____   _____   _____   _____

TOTALES

GRAN TOTAL

_____   _____   _____   _____

sanguíneo   colérico   melancólico   flemático

popular   fuerte   perfeccionista   pasivo

RESUMEN DEL POPULAR SANGUÍNEO

"Hagámoslo de la manera divertida"

Deseo:	Divertirse
Necesidades emocionales:	Atención, afecto, aprobación, aceptación
Fuerzas claves:	Puede hablar de cualquier cosa en cualquier momento y en cualquier lugar con o sin información. Tiene una personalidad alegre, es optimista, tiene sentido del humor además de una habilidad para contar historias y le gustan las personas.
Debilidades claves:	Desorganizado, no puede recordar detalles ni nombres, exagera, no es serio con respecto a nada, confía en que otros hagan el trabajo, es demasiado ingenuo y confiado.
Se deprime cuando:	La vida no es divertida y cuando considera que nadie lo ama.
Tiene miedo de:	No ser popular o aburrido, también de tener que vivir apegado a un horario o mantener un informe del dinero que se ha gastado.
Le gustan las personas:	Que escuchan y que se ríen, que alaban y que aprueban.
No le gustan:	Los que critican, los que no responden a su humor y los que no piensan que son agradables.
Es valioso al trabajar:	Con la creatividad de colores, con optimismo, contacto ligero, para animar a otros, y para divertir.
Podría mejorar si:	Se volviera organizado, no hablara tanto y aprendiera a ser puntual.
Como líder:	Emociona, persuade, e inspira a otros, irradia encanto y entretenimiento, pero es olvidadizo y nada bueno para seguir una conversación.

Tiende a casarse:	Con perfeccionistas que son sensibles y serios, pero los populares rápidamente se cansan de tener que animarlos todo el tiempo, y de que los hagan sentirse inadecuados o estúpidos.
Reacción al estrés:	Dejar el escenario, ir de compras, comer más, encuentra un grupo divertido, crea excusas, niega la realidad, culpa a otros.
Se lo reconoce por:	Hablar constantemente, estridente, ojos brillantes, mueve sus manos, ropa colorida, personalidad magnética, habilidad para contar historias.

RESUMEN DEL PODEROSO COLÉRICO

"Hagámoslo a mi manera"

Deseo:	Tener el control
Necesidades emocionales:	Sentido de obediencia, aprecio por los logros, crédito por la habilidad.
Fuerzas claves:	Habilidad de estar a cargo de cualquier cosa en el instante, hacer juicios rápidos y correctos.
Debilidades claves:	Demasiado mandón, dominante, autócrata, insensible, no está dispuesto a delegar ni dar crédito a otros.
Se deprime cuando:	La vida está fuera de control y las personas no hacen las cosas a su manera.
Tiene miedo de:	Perder el control de alguna cosa, como el perder su empleo, no ser promovido, enfermarse gravemente, tener un hijo rebelde o tener una persona que no le apoye.
Le gustan las personas que:	Apoyan y que son sumisas, ven las cosas desde su punto de vista, cooperan rápidamente y dejan que ellos se lleven el crédito.
No le gustan:	Los que son perezosos y que no están dispuestos a trabajar constantemente, quienes se oponen a su autoridad, quienes son independientes o no son leales.
Es valioso al trabajar:	Porque puede lograr más que ningún otro en un menor tiempo y generalmente lo hacen bien, pero puede causar problemas.
Podría mejorar si:	Permitiera que otros tomaran decisiones, delegara autoridad, fuera más paciente, no esperara que todos tuvieran la misma productividad que él.
Como líder:	Tiene un sentido natural de estar al mando, un sentido rápido de lo que puede dar resultado, y una sincera creencia en su habilidad de llevar a cabo sus logros, pero suele agobiar a las personas que son menos agresivas.

Tiende a casarse:	Con pasivos que obedecen calmadamente y que no desafían su autoridad, pero tampoco tienen suficientes logros ni se emocionan por sus proyectos.
Reacción al estrés:	Reafirma su control, trabaja más duro, ejercita más, se deshace del ofensor, se mantiene alejado de las situaciones sociales.
Se le reconoce por:	Su acercamiento rápido, por tomar rápidamente el control, confianza en sí mismo, una actitud inquieta y que se sobrepone.

Resumen del perfeccionista melancólico

"Hagámoslo de la manera correcta"

Deseo:	Hacerlo bien, hacerlo perfecto
Necesidades emocionales:	Sentido de estabilidad, espacio, silencio, creatividad y apoyo
Fuerzas claves:	Habilidad para organizar, fijar metas a largo plazo, tener normas e ideas elevadas, analizar profundamente.
Debilidades claves:	Se deprime fácilmente, demasiado tiempo de preparación, se concentra demasiado en los detalles, recuerda las cosas negativas, sospecha de los demás.
Se deprime cuando:	La vida está desordenada, no se cumplen las normas, parece que a nadie le importa.
Tiene miedo de:	Que nadie lo entienda como se siente, de equivocarse, tener que comprometer sus normas.
Le gustan las personas que:	Son serias, intelectuales, profundas, y que puedan sostener una conversación sensible.
No le gustan las personas que:	Son superficiales, olvidadizas, que llegan tarde, desorganizadas, que engañan y que son imprevisibles.
Es valioso al trabajar:	Porque percibe los detalles, le encantan los análisis, el seguimiento, altos niveles de presentación y es compasivo con los que sufren.
Podría mejorar si:	No tomara la vida tan seriamente y no insistiera en que los demás fueran perfeccionistas.
Como líder él:	Organiza bien, es sensible a las necesidades de las personas, tiene una profunda creatividad, demanda acción rápida.
Tiende a casarse con:	Los populares por sus personalidades y por sus habilidades sociales, pero rápidamente tratan de callarlos y de hacer que se ajusten al horario. Se deprimen cuando éstos no responden.

Reacción al estrés:	Se retrae, se pierde en un libro, se deprime, se da por vencido, hace un recuento de sus problemas, regresa a la universidad.
Se le reconoce por:	Su naturaleza seria y sensible, su acercamiento correcto, desaprobar los comentarios y por ser meticulosos y bien vestidos.

Resumen de los pasivos flemáticos

"Hagámoslo de la manera fácil"

Deseos:	No tener conflictos, mantener la paz.
Necesidades emocionales:	Sentido de respeto, sentimiento de valor, comprensión y apoyo emocional.
Fuerzas claves:	Balanceado, tienen disposición, seco sentido del humor y personalidad agradable.
Debilidades claves:	Falta de decisión, entusiasmo, y energía, no hay defectos obvios sino una voluntad de hierro escondida.
Se deprime cuando:	La vida está llena de conflictos, tiene que encarar una confrontación personal, nadie quiere ayudar, la oposición los detiene.
Tiene miedo de:	Tener que resolver un problema personal grande, "quedarse con el paquete", llevar a cabo cambios grandes.
Le gustan las personas que:	Toman decisiones por él, reconocen su fuerza, que no lo ignoran, que lo respetan.
No le gustan:	Los que presionan demasiado, los que son muy escandalosos y esperan mucho de él.
Es valioso al trabajar:	Porque coopera y ejerce una influencia tranquila, mantiene la paz, es mediador entre personas que contienden, resuelve los problemas objetivamente.
Podría mejorar si:	Se trazara metas y se auto motivara, estuviera dispuesto a hacer las cosas más rápido de lo que se espera, y si pudiera enfrentar sus propios problemas de la misma manera en que se maneja los problemas de los demás.
Como líder, él:	Se mantiene tranquilo, calmado, no toma decisiones impulsivas, es agradable e inofensivo, no causa problemas, pero no es frecuente que tenga ideas brillantes.
Tiende a casarse con:	Los fuertes porque respetan su fortaleza y el hecho de ser decisivos, pero posteriormente, el pasivo se cansa de que lo estén empujando y menospreciando.

Reacción al estrés:	Se esconde a sí mismo, ve televisión, come, se desconecta de la vida, duerme.
Se le reconoce por:	Su acercamiento calmado y agradable, su postura relajada y porque participa y aprende cuando hay la posibilidad.

Formato de presupuesto básico
para el matrimonio

Ingresos mensuales de los dos: $ _____

Salarios $ _____
Intereses $ _____
Dividendos $ _____
Otros $ _____
Otros $ _____

Ingresos netos disponibles $ _____

Egresos:
1. Diezmo $ _____
2. Ofrendas $ _____
3. Impuestos $ _____
4. Vivienda $ _____
5. Alimentos $ _____
6. Automóviles $ _____
7. Seguros $ _____
8. Deudas $ _____
9. Vestimenta $ _____
10. Servicios $ _____
11. Gastos médicos $ _____
12. Misceláneos $ _____
13. Escuela/Cuidado de Niños $ _____
14. Inversiones $ _____
15. Regalos (incluir Navidad) $ _____
16. Otros $ _____
17. Otros $ _____
18. Otros $ _____
19. Ahorros $ _____

Total de egresos $ _____
Balance de ingresos/egresos: $ _____

NOTAS

CAPÍTULO 2
ENTENDIERON EL PACTO DEL MATRIMONIO
1. Consultado en línea el 21 de febrero de 2015. http://www
.gwu.edu/~ccps/rcq/rcq_negativeeffects_waite.html.

CAPÍTULO 6
LAS DIFERENCIAS ENTRE AMBOS
1. Gray, John: *Los hombres son de Marte y las mujeres son de Venus*, Rayo, 2004.

CAPÍTULO 8
NUESTROS TEMPERAMENTOS
1. LaHaye, Tim: *Temperamentos controlados por el Espíritu*, Editorial Unilit, 3era. Edición, 7 de diciembre de 1986.

CAPÍTULO 18
DISFRUTAR NUESTRA INTIMIDAD
1. Leman, Kevin: *Música entre las sábanas*, Editorial Unilit, 1ro. de agosto de 2006.

CAPÍTULO 19
EDUCAR CON ÉXITO A NUESTROS HIJOS
1. Canavati, Sergio: *Cómo criar hijos campeones*, consultado en línea el 21 de febrero de 2015: www.esperanzaparalafamilia.com.
2. Canavati, Sergio: *Adolescentes en llamas*, MBR 2007.

CAPÍTULO 20
¿CUÁL ES NUESTRO LENGUAJE DEL AMOR?
1. Chapman, Gary: *Los 5 lenguajes del amor*, Spanish House, 1ro. de febrero de 2011.
2. *Ibíd.*

¡NO TODOS SOMOS HIJOS DE DIOS!

LA PALABRA DE Dios nos enseña que todos somos criaturas de Dios, pero no todos somos hijos de Dios.

"Mas a todos los que le recibieron, a los que creen en su nombre, les dio potestad de ser hechos hijos de Dios".

—JUAN 1:12

Ahora, basados en el versículo mencionado, les sugerimos hacer la siguiente oración que los confirmará como hijos de Dios:

Bendito y santo Dios, me arrepiento por mis pecados. En este momento yo decido recibir y confirmar a Jesucristo, tu Hijo amado, como mi Señor y Salvador personal. Creo que Él vino a este mundo, se hizo hombre y pagó mi deuda de pecado. Acepto el regalo de la salvación en Cristo Jesús y me declaro ahora, conforme a tu Palabra, hijo de Dios. Gracias por tu amor. También decido disponerme para aprender los principios de vida que están en tu manual de vida, para bien de mi matrimonio. Amén.

Si tienes dudas respecto a su salvación personal, escríbenos a familia@libresparaamar.org

Te deseamos muchas bendiciones y que seas prosperado en todas las cosas y tengas buena salud, así como prospera tu alma (paráfrasis de 3 Juan 1:2*)*.

FUNDACIÓN PARA MATRIMONIOS

TOGETHER HAPPY AND FOREVER FOUNDATION CORP.

Home of
Libres para Amar

9000 NW 15 Street
Doral, FL 33172
Tel (954) 434-4696,
Web: www.libresparaamar.org
E-mail:matrimonios@libresparaamar.org

Escríbenos si necesitas orientación o algún tipo de apoyo para tu matrimonio, o el de algún amigo o familiar. Trabajamos por el fortalecimiento de los matrimonios como base de una familia estable emocionalmente, para que puedan evitar muchos conflictos de consecuencias graves y que a la vez puedan disfrutar más y mejor de la relación, tanto a nivel de pareja como de la familia.

Visita nuestra página web para que conozcas más del Ministerio Internacional Libres para Amar.

www.libresparaamar.org

LA BIBLIA PARA LA
GUERRA ESPIRITUAL
SE PUSO MEJOR...

DISPONIBLE EN
TAPA DURA, SÍMIL PIEL CAFÉ, VINO O NEGRA

"Recomiendo esta Biblia a todo el que desea tener un mejor entendimiento de la guerra espiritual. Al aplicar las enseñanzas y principios contenidos en ella, usted logrará un avance en su vida espiritual".
—Apóstol John Eckhardt
Autor del éxito de ventas *Oraciones que derrotan a los demonios*

CASA
CREACIÓN

Disponible en todas las tiendas de libros
www.casacreacion.com | f Facebook.com/casacreacion | 🐦 Twitter.com/casacreacion

12654A